조선사 가장 매혹적인 그녀들이 온다!

조선을 뒤흔든
16인의
기생들

이수광 지음

다산
호랑

꽃이 진다고 바람을 탓하랴

조선시대의 기생^{妓生}은 원칙적으로 관기^{官妓}를 일컫는 것이었다. 그녀들은 관청에 소속되었기 때문에 고을의 관장이나 수령들이 바뀔 때마다 점고를 하고 관청의 행사에 동원되었다. 북쪽의 국경지대에서는 관기들이 무예를 익혀 의장병들처럼 사열을 하거나 관장들의 이취임 때 행렬을 인도하기도 했지만, 대부분의 기녀들은 가무를 익혀 국가나 관청의 행사에서 가무를 공연하고 지배층의 흥을 돋우기 위해 술을 따르고 웃음을 팔았다.

한마디로 기녀들은 가무와 기예를 익혀 나라에서 필요로 할 때 봉사하던 여인들이었다. 제도적으로 관청에 소속되어 있었으나 신분은 천민이었다. 기생이 낳은 아들은 남자가 돌보아주지 않는 한 천민으로 살아야 했고, 딸은 종모법에 따라 기생이 되어야 했다. 기생이 천민의 신분을 벗어나는 방법은 속전을 바치고 기적에서 빠져 나오는 것과 권력을 갖고 있는 사대부의 첩이 되는 길뿐이었다. 조선의 사대부들은 첩을 거느릴 수 있었는데 양가의 딸을 첩으로 삼으면 양

첩, 기생을 첩으로 삼으면 기첩, 여종을 첩으로 삼으면 비첩이라고 불렸다.

조선의 기생은 우리가 생각했던 것보다 훨씬 많았다. 그들은 여자로서 가장 천한 신분이었으나 외양적으로는 가장 화려한 삶을 살았다. 여자들이 학문과 예술을 하는 것을 금기시하던 조선시대에 기생들은 어릴 때부터 학문과 금기서화, 그리고 가무를 익힐 수 있었다. 그러나 그들에겐 감당해야 하는 명예가 있었다. 대부분의 관기는 교방敎坊에서 기예를 배운 뒤에 13~16세가 되면 관장이나 사대부들에게 순결을 바쳤다.

🌸 이십이 늦잖거든 십이 세에 성인하니
　　어디 당한 예절인지 짐승과 일반이라

해주 기생 명선은 한 남자를 12세에 강제로 몸속에 받아들이고 짐승 같은 짓이라고 통곡한다. 조혼 풍속이 있다고 해도 12세에서 16세의 어린 소녀를 성적 대상으로 삼는 것은 잔인한 일이다. 오늘날의 시각으로 보면 조선의 사대부들은 미성년자 성폭행범이라고도 할 수 있을 것이다.

기생들의 환경은 열악했다. 겉으로는 춤과 노래, 시와 술로 화려한 일생을 보내는 듯하지만 대부분 남자들에 의해 상처받고 쓸쓸한 말년을 보내야 했다. 많은 남자들이 하룻밤 풋사랑을 나누고는 그녀들을 버렸다. 술과 무절제한 성생활로 병이 생기고, 덕지덕지 바른 분단장으로 인해 수은 중독이나 납 중독을 앓기도 했다. 젊었을 때는 남자들이 비단과 패물로 환심을 사지만 늙으면 아무도 돌아보지 않아 비참하게 살아야 했다.

기생들은 '말하는 꽃, 말을 알아듣는 꽃'이라고 하여 해어화^{解語花}, '길가의 버들가지와 담밑에 핀 꽃'이라 누구나 꺾을 수 있다고 하여 노류장화^{路柳墻花}라고 불렸다. 그러나 그녀들 중에는 뛰어난 재능으로 명성을 얻고 남자들을 쥐락펴락하는 기생들도 있었다. 사대부들의 학문을 능가하는 기생이 허위와 위선으로 가득 찬 사대부들을 조롱하기도 했다. 일례로 조선이 개국한 지 얼마 되지 않았을 때 재상들의 연회가 열렸다. 고려왕조의 대신들이 모두 조선왕조의 재상이 되어 축하를 하는 자리였다.

동쪽에서 밥을 먹고 서쪽에서 잠을 자는 것은 노류장화의 본분입니다. 왕^王씨도 섬기고 이^李씨도 섬기는 대감과는 유유상종^{類類相從}이 아니겠습니까?

설중매라는 기생이 쟁쟁한 권력을 갖고 있던 재상들의 연회에 참석했을 때 한 재상이 '듣자니 기생들은 아침에는 동쪽에서 밥을 먹고 저녁에는 서쪽에서 잠을 잔다고 하는데 오늘 밤 이 늙은이에게 수청을 드는 것이 어떻겠느냐?' 하고 묻자 매섭게 쏘아붙인 말이다. 기생은 이 남자 저 남자를 섬기지만 당신은 이씨도 섬기고 왕씨도 섬기니 같은 부류가 아니냐는 조롱이다.

세조 때의 여러 왕자들과 염문을 뿌린 기생 초요갱의 일화도 기억할 만하다. 계유정난을 일으켜 김종서와 황보인을 척살한 세조 수양대군 일파가 금성대군을 역모로 몰기 위해 초요갱을 간통으로 탄핵했다. 그러자 대신들이 초요갱을 처벌하는 것을 반대했다.

초요갱은 금수禽獸와 다름이 없으므로 족히 책責할 것도 못되나 세종조에 새로 제정한 악무樂舞를 홀로 전습傳習하였고 다른 사람은 이를 아는 자가 드무니 고향으로 내칠 수가 없습니다.

≪조선왕조실록≫의 기록이다. 초요갱은 세종조의 궁중 악무를 유일하게 전승하여 죄를 다스릴 수 없다는 것이다. 그녀를 처벌하면 궁중악의 맥이 끊어진다는 것이니, 초요갱은 탁월한 예술가로서 대우를 받고 있었던 셈이다.

또한 기생들은 양가의 여자들이 장옷, 소위 쓰개치마를 쓰고 다니고 내외가 심하여 남녀 간에 종을 두고서야 이야기를 할 정도로 남녀가 유별하던 시대에 남자들을 자유롭게 만날 수 있는 유일한 신분이었다. 어릴 때부터 춤과 노래를 익혔으니 기녀들은 대부분 선녀처럼 아름답다. 꽃처럼 곱고 아름답게 피어난 여인들에게 남자들이 사랑을 느끼는 것은 당연지사, 율곡 이이도 예외는 아니었다. 기생에 대한 애틋한 사랑을 노래한 그의 연시는 수백 년이 지난 오늘에 읽어도 가슴을 저리게 한다.

🌸 서쪽 바닷가에 아름다운 사람 있으니
　　맑은 기운이 모여 선녀로 태어났구나

율곡 이이가 자신이 평생 동안 사랑하던 기생 유지에게 남긴 시다. 율곡은 유지가 12세 때 처음 만났다. 어린 동기를 차마 범할 수 없어서 마음으로만 사랑하다가 늙고 병들었을 때 다시 만났으나 율곡은 같은 방에 나란히 누워서도 동침을 하지 않는다. 그리하여 유지와 20년 가까이 나눈 플라토닉 한 사랑을 〈유지사〉라는 시로 남기게 되는 것이다.

> 🌸 수놓은 옷을 입고 징치고 노래 부르는 화살 맨 기생들이
> 준마를 타고 말을 채찍질하며 성으로 들어온다.

기생들은 시와 문장, 가무에만 능한 것이 아니었다. 변경 지방에서는 기생들이 무예를 연마하여 사열을 하는가 하면 군사들과 사냥을 나가기도 하고 외적이 침입하면 창을 들고 나가 싸우기도 했다. 그리하여 논개는 왜장을 끌어안고 진주 남강으로 뛰어들어 '의기'가 되었고, 제주 기생 만덕은 흉년에 자신의 부를 모두 백성을 구휼하는 데 사용하여 정조로부터 '내의녀'에 임명되기도 했다.

황진이는 이생과 함께 금강산 곳곳을 구경했다. 양식이 떨어지면 구걸을 하고 굶기도 했다. 비가 오면 맞고 바람이 불면 피했다. 산을 오르다가 지치면 바위 위에 누워서 하늘에 구름이 흘러가는 것을 보면서 쉬었다. 때때로 중들에게 몸을 팔아 양식을 얻기도 했다. 산 깊고 골이 깊은 곳에서는 소리를 뽑고, 선녀담에서는 목욕을 하고 호젓한 곳에서는 춤을 추었다. 중에게 몸을 파는 황진이에게서 퇴폐적인 향기를 느끼기보다는 영혼의 자유로움, 권력과 학문으로 한 세상을

풍미한 사대부들 앞에서 주눅들지 않는 당당함을 만날 수 있다.

꽃이 진다고 바람을 탓할 수는 없다. 마찬가지로 기생들의 삶이 애
틋하고 서럽다고 하여 조선의 남자들을 탓할 수는 없다. 시대가 만들
어 낸 질곡에서 헤어나 자유로운 삶을 살면서 남자들을 손 안에 쥐고
흔든 당당한 기생들도 있었으니까.

조선의 기생들을 살피는 것은 조선의 여성사를 살피는 것이다. 조
선의 기생들은 지배층인 사대부와 가까우면서도 천한 신분이었기 때
문에 질곡의 삶을 살아온 조선의 여성들을 대변한다. ≪조선을 뒤흔
든 16가지 살인사건≫, ≪조선을 뒤흔든 16가지 연애사건≫, ≪조선
을 뒤흔든 16인의 왕후들≫에 이어 조선의 기생들을 통해 독자들은
조선 역사의 또 다른 면을 살필 수 있을 것이다.

≪조선을 뒤흔든 16인의 기생들≫에도 독자들의 변함없는 성원을
바란다.

목차

제3부 秋는 영혼이다
세상을 향해 뛰는 가슴을 가졌던 여인들

제4부 冬은 이별이다
실연의 아픔을 감당해야 했던 여인들

에필로그

제1부

春은 열정이다

남자들의 세상에서
가장 자유로웠던 여인들

남자들을 내 치마 앞에서
무릎 꿇게 하리라

한양 기생 초요갱

1455년(단종 3) 2월 27일, 영의정인 수양대군을 비롯하여 우의정 한확 등 3정승과 6조판서, 그리고 승지와 같은 조정 대신들이 대궐로 몰려와 화의군 이영(세종의 첫 번째 서자)이 평원대군 이임의 기생 첩 초요갱과 간통했다고 일제히 아뢰었다.

"화의군 이영, 최영손, 김옥겸 등이 금성대군 이유의 집에 모여서 사연(활을 쏘고 술을 마시는 모임)을 하고서도 이를 숨겼습니다. 또한 이영은 평원대군의 첩 초요갱과 간통하였으니 문책함이 마땅합니다."

사헌부나 사간원이 아니라 3정승과 6조판서가 일제히 대궐로 몰려와 이를 아뢴 것은 이 일이 역모와 관련이 있기 때문이다. 때는 수양대군 일파가 김종서와 황보인, 안평대군을 제거하고 정권을 찬탈한 계유정난 이후였다. 금성대군 이유가 이에 불만을 품고 맞서자, 3정승과 6조판서가 덜미를 잡고 늘어진 것이다. 이영은 금성대군과 함께 수양대군을 반대하고 있었다.

정권을 잡은 수양대군 일파는 눈엣가시와 같은 존재들을 제거하기 위해 이영이 초요갱과 간통한 것과 사연회에 참석한 것을 들어 역모로 몰아가려고 했다. 사연회에 참석하여 사병을 키웠다면 역모의 의도가 있다고 볼 수 있었다. 이 과정에서 초요갱의 간통사건이 덤으로 보태진 것이다.

"화의군 이영은 외방으로 내치고 초요갱은 곤장 80대를 쳐라."

어린 단종은 수양대군의 요구에 따를 수밖에 없었다. 숙부이자 영의정인 수양대군이 군국대사를 총괄하고 있으니 단종은 허수아비 임금에 지나지 않았다.

초요갱은 곤장 80대라는 영을 받자 얼굴이 하얗게 변했다. 초요갱이 누구인가. 초요갱은 당시에 '4기'라고 불리는 경국지색의 미인이었다. 4기녀는 옥부향, 자동선, 양대, 초요갱을 일컫는 것인데, 모두 가무를 잘하여 여러 번 궁내의 잔치에 불려 들어갔다. 수양대군이 그녀들을 보고 '네 기녀'라고 부르면서 그들의 별칭이 '4기四妓'가 되었다.

초요갱은 미색이 뛰어나 어릴 때부터 뭇 남성들의 시선을 끌었고, 장악원 악적에 올라 궁중음악과 궁중무용을 익히니 선녀가 무색할 정도였다. 게다가 세종 때 박연이 창안한 궁중악을 모두 전승하여 조선 제일의 예인으로 불렸다. 그러나 궁중악의 유일한 전승자라고 해도 춤추고 노래하는 기생이었다. 국가적인 행사뿐 아니라, 왕족들의 연회에 참석하여 춤을 추고 노래를 부른 뒤에는 술과 웃음을 팔아야 했다.

기생들은 노류장화路柳墻花다. 꽃이 예쁘면 누구나 꺾으려고 한다. 왕실의 남자들이 그런 초요갱에게 눈독을 들이지 않을 리 없었다. 수많은 왕실 남자들이 권력을 이용하여 그녀를 농락하려고 했다.

'어차피 기생 신세를 벗어나지 못할 바에야 내가 오히려 남자들을 농락하는 것이 낫지 않겠는가. 학문 높고 점잖은 선비들이라고 해도 내 치마 폭에서는 한낱 사내에 불과하지 않는가?'

춤과 음악으로 명성을 얻은 초요갱은 자신이 가진 끼와 매력을 숨기지 않고 남자들을 유혹했다. 그녀는 과거에 장원급제한 선비들까지 눈 아래로 보고 있었다.

조선 제일의 궁중악 전승자에 경국지색의 미인이니 남자들이 구름처럼 모여 들었고, 초요갱은 무수한 왕족들과 염문을 뿌렸다. 화의군 이영과의 간통사건은 이러한 과정에서 일어난 것이다.

'아아, 내가 무슨 죄가 있어서 곤장을 맞아야 한단 말인가?'

초요갱은 입술을 깨물었다. 화의군이나 평원대군 모두 세종의 아들이고 수양대군의 동생들이다. 나는 새도 떨어트리는 권력자들이니 기생의 몸으로 연회에 초대받으면 거절을 할 수 없었고 첩이 되라면 첩이 될 수밖에 없었다. 권력자들이 종복을 데리고 와서 강제로 끌고 가는데 당해낼 재간이 없었다. 그런데 죄 없는 자신이 이들의 권력 싸움에 희생양이 될 처지가 된 것이다.

'나에게 곤장을 때리라니 가소롭다. 내가 어찌 그와 같은 수모를 당하겠는가?'

초요갱은 권력 쟁탈을 위해서 자신을 이용하려는 사대부들에게 분노했다. 궁중 연회가 있을 때마다 왕실과 대신들을 위하여 가무를 펼쳤는데 그러한 공로에 포상은 하지 못할망정 곤장을 때리라는 것이다. 여자가 80대의 곤장을 맞으면 살아날 수가 없다. 형틀에 묶여 곤장을 맞으면 10대를 맞기도 전에 살갗이 찢어지고 살점이 너덜너덜해진다. 결국 80대의 곤장을 채우기도 전에 낭자하게 피를 흘리고 죽을 것이다.

"곤장을 때리려면 차라리 죽여주십시오."

궁중 연회를 마친 초요갱이 당당하게 수양대군에게 항의했다.

"그것이 무슨 말이냐?"

수양대군이 깜짝 놀라 초요갱에게 물었다.

"곤장을 맞게 되었으니 차라리 죽고자 합니다. 대감께서는 어찌 일개 기생을 역모로 엮으려고 하십니까? 예부터 기생을 역모로 묶는 법은 없습니다."

"곤장을 맞는다고 모두 죽는 것이 아니다."

"곤장을 맞고 살 수는 있을지 모르나 그 다리로는 춤을 출 수가 없습니다. 비록 신분은 미천하나 저는 전악서(궁중 음악을 관장하던 관아)의 여악을 맡고 있습니다. 매를 맞아 다리를 잃고 춤을 추지 못하면 살아서 무엇 하겠습니까? 차라리 죽기를 원합니다."

한 치의 흔들림도 없는 초요갱의 말에 수양대군은 조정 대신들에게 다시 의논하라는 영을 내렸다.

이 일에 관여하여 대사헌 최항 등이 상소를 올렸다.

화의군 이영이 초요갱에게 대하여 비록 상피 붙은 데 관계된다고 하나, 피할 줄을 알지 못하였다면, 또한 마땅히 그 죄를 밝혀서 뒷사람에게 경계를 보여야 하는데, 이를 비밀에 붙여서 사람들로 하여금 의심하게 하는 것은 마땅치 않습니다. 더구나 초요갱은 본래 천기에 관계되는 자이니, 무엇을 족히 아낄 것이 있겠습니까? 마땅히 안율^{按律}하여 죄를 물어서 음란하고 더러운 자들로 하여금 서울에 거처하지 않도록 하여야 하는데 그 죄를 속^贖하게 하니 옳지 않습니다.

이 상소는 초요갱 사건이 단순한 간통사건이 아니라 상피 붙은 사건이라고 주장하고 있다. 상피는 가까운 친척 사이의 남녀가 성적 관계를 맺는 일을 가리키는 말로 근친상간을 의미한다. 수양대군 일파는 화의군 이영이 초요갱과 간통한 것을 상피사건으로 몰고 갔다. 화의군 이영과 평원대군 이임은 형제이므로 이임의 첩과 내통했다면 근친상간이라는 것이다. 상피사건은 강상에 대한 대죄이므로 죄인을 사형에 처할 수도 있고 패륜아로 낙인을 찍을 수도 있었다.
그렇다면 초요갱에 대해선 어떻게 쓰여 있을까.

초요갱은 금수^{禽獸}와 다름이 없으므로 족히 책^責할 것도 못되나 세종조에 새로 제정한 악무^{樂舞}를 홀로 전습하였고 다른 사람은 이를 아는 자가 드무니 고향의 고을에 내칠 수가 없습니다.

💔 궁월의 공연을 묘사한 무신년진찬도

대궐에서 열리는 잔치는 진연과 곡연으로 불린다. 진연은 국가적인 성대한 연회고, 곡연은
임금과 가까운 신하들이 즐기는 잔치다. 이때 많은 기생들이 동원되어 가무를 선보였다.(국
립중앙박물관 소장)

사인舍人 조효문이 당상堂上의 뜻을 가지고 아뢰었다. 사인은 의정부의 하급관리이고, 당상은 대신들을 말한다. 이는 금성대군 이유만 잡으면 되었지 초요갱을 굳이 처벌할 필요가 없다는 뜻이다. 초요갱은 기생이라고 하나 궁중 음악과 무용을 전수받은 예술가였다. 세종은 학문만 발전시킨 것이 아니라 '조선의 3대 악성'이라고 불리는 박연을 등용하여 음악과 무용의 발전에 큰 업적을 남겼다. 이때 박연과 음악을 연구한 사람들이 악공이고, 노래를 부르고 춤을 춘 여인들이 초요갱과 같은 기생들이었다.

신분은 금수와 같은 기생이나, 초요갱은 세종과 박연이 키운 조선 제일의 예술가였고, 세종조의 훌륭한 음악과 무용을 전수받은 유일한 전수자였다. 지금으로 말하면 인간문화재와 같은 예술가였기 때문에 대신들은 초요갱과 같은 예술가를 지방으로 유배를 보낼 수 없다고 주장한 것이다. 조정 대신들은 초요갱에게 80대의 곤장을 때리는 대신 속전(죄를 면하기 위하여 바치는 돈)을 바치게 할 것을 청했다.

"초요갱에게 속전을 바치게 하라."

수양대군이 영을 내리면서 초요갱은 석방되었다.

삼형제와 정을 통하다

금성대군 이유의 역모사건에 연루되어 조선을 발칵 뒤집어놓은 초요갱은 3년이 지나자 다른 이유로 다시 한 번 조정을 뒤흔들었다. 초요갱은 평원대군 이임의 첩이었으나 화의군 이영과도 정을 통했다.

소위 두 형제가 초요갱과 정을 통한 것이다. 그러나 초요갱은 두 형제만으로 그치지 않았다. 계양군 이증이 초요갱의 집을 드나들면서 사통하기 시작한 것이다. 이증 역시 세종의 아들이오, 수양대군의 이복동생이었다.

계양군 이증까지 초요갱과 사통하자 이 사실이 세조(수양대군)의 귀에까지 들어갔다.

"바깥소문에 네가 초요갱과 사통한다고 하는데 정말 그러한가? 어찌 다른 기생이 없어서 서로 간음하는가!"

계양군 이증은 세종의 후궁 신빈 김씨의 아들이었다. 세조가 매서운 눈으로 추궁하자 그는 사시나무 떨듯 몸을 떨었다.

"전하, 신은 하늘을 우러러 부끄러움이 없나이다. 어찌 신을 의심하십니까? 신이 초요갱과 간통을 했다면 하늘이 용서하지 않을 것입니다."

이증은 울부짖으면서 머리를 조아리고 변명했다.

"맹세할 수 있느냐?"

"맹세합니다. 신에 대한 소문은 모두 무고입니다."

"알겠다. 네가 그토록 결백을 주장하니 믿겠다. 기생이란 사람의 종류가 아니다. 금수와 같은 자들이니 가까이 하지 마라."

세조는 이증을 용서했다. 이증은 식은땀을 흘리면서 집으로 돌아왔으나 초요갱이 보고 싶어 견딜 수가 없었다. 이증은 그날 밤에도 초요갱의 집으로 찾아 들어갔다.

초요갱은 주위를 두리번거리면서 방으로 들어오는 이증을 서슬이 퍼런 눈으로 흘겨보았다. 이증은 세종대왕의 열 번째 아들이요, 신빈

♥ 가야금과 기생
조선의 기생들은 오늘날의 무형문화재와 같은 예인이기도 하여 부를 축적할 수 있었고 명성
을 얻었다. 기생의 뒤로 화려한 가구가 이를 짐작케 한다.

김씨의 여섯 아들 중 장남이다. 그는 낮에 세조에게 불려가 호된 질
책을 받았는데도 밤이 되자 사람들 몰래 그녀의 방으로 숨어 들어오
고 있었다.

초요갱은 세조 앞에서는 쩔쩔 매고 밤이 되자 자신을 찾아온 이증
이 가소로웠다. 그렇다고 이증을 내칠 수도 없었다. 이증은 성격이 난
폭하여 뜻대로 되지 않으면 일을 내고 마는 성미였다. 훗날 판사 변
대해가 초요갱과 정을 통하자 이증이 이를 알고 노발대발하였다.

이증은 종복들을 보내 변대해를 몽둥이로 마구 때렸고, 변대해는
이로 인해 시름시름 앓다가 그만 죽고 말았다.

초요갱이 진정으로 사랑한 사람은 평원대군 이임이었다. 이임은

초요갱을 어릴 때부터 돌봐준 사람이었고, 첫 남자였다.

"나를 사랑한 사람은 평원대군이고 나를 알아준 사람은 박연이다."

초요갱은 때때로 기녀들에게 그렇게 말했다. 박연은 부모가 없는 초요갱을 전악서에 소속시키고 궁중음악과 궁중무용을 가르쳤다. 혹독한 훈련이 너무 힘들어 전악서 담 밑에서 울고 있으면 아버지처럼 따뜻하게 안아주고는 했었다.

박연에게 무엇보다 고마웠던 것은 그녀를 인간으로 대접해 준 유일한 사람이라는 점이었다. 박연은 그녀에게 스승이자 아버지였다. 나이가 들면서 초요갱은 미모가 경국지색으로 바뀌자 많은 남자들이 달려들었으나 그는 세종대왕께서 총애하는 아이라면서 노류장화가 되는 것을 막아주었다. 그러나 스승이자 아버지나 다름없는 박연은 늙고 병들어 고향 영동으로 내려가 버렸다.

박연이 죽었을 때 그녀는 상복을 입고 영동을 향해 곡을 했다. 그의 영혼을 위로하기 위해 그가 집대성한 아악을 연주하고 귀신이 씌운 듯 한밤중에 너울너울 춤을 추었다.

세조가 성임에게 이르기를,

"경은 재간과 기예가 많으니, 내가 매우 가상하게 여긴다. 우리나라 사람은 천문, 지리 등 잡학에는 조금 아는 이가 있으나, 악樂에는 아는 이가 대개 적다. 악공들의 배우는 바와 같은 것은 한갓 음탕한 소리일 뿐 악이라고 말할 수 없다. 경은 힘써 내 뜻을 몸 받아서 음악에 마음을 두라." 하고 묻기를,

"배우면 박연에게 미칠 수 있을까?"

하니, 성임이 대답하기를,

"박연에게는 미칠 수 없으나 배우면 혹시 깨달음이 있을까 합니다."

하므로, 임금이 말하기를,

"요는 마음을 오로지하는 데 있을 뿐이다."

하였다.

실록의 기록이다. 박연과 같은 인물은 다시 태어날 수 없을 것이었다. 초요갱은 박연의 유일한 전승자였다. 그러나 세조는 초요갱을 사람이 아니라 금수와 같은 자라고 비난했다. 천재적인 예술가였으나 금수와 다르지 않은 것이 기생이라는 신분이었다.

초요갱은 이증이 자신의 방으로 숨어 들어오자 속으로 비웃었다.

"네 어찌 그런 눈으로 나를 보느냐?"

이증이 초요갱을 쏘아보면서 물었다.

"임금께서는 기생을 금수와 같은 자라고 하셨습니다. 고귀하신 왕자님께서 어찌 금수와 같은 자와 정을 통하려고 야행을 하십니까?"

초요갱의 말에는 서릿발이 서린다.

"네가 임금을 능멸하느냐?"

"당치 않습니다. 첩은 그저 금수와 정을 통하면 금수가 된다는 사실을 일깨워 드리는 것뿐입니다."

초요갱의 말은 임금의 동생을 짐승이라고 비난하는 말이다.

"네가 무어라고 해도 상관이 없다. 나는 오로지 너를 원할 뿐이다."

그러나 이증이 초요갱을 단념하기에는 그녀의 미모가 너무 아름다웠다. 그날 밤도 이증은 초요갱을 품었다.

이증은 세종의 총애를 받고 학문과 글씨에도 능했다고 한다. 또한 남을 대접함이 겸손하여 권세를 부리지 않았다고 한다. 그러나 주색이 심해 일찍 죽었다는 평을 받았다.

미녀 예술가의 최후

초요갱은 이증이 죽자 궁중 연회에 참석하면서 후진들을 양성했다. 그러나 혼자서는 살아갈 수 없는 것이 그녀의 운명이었다. 초요갱의 명성은 여전히 나라를 뒤흔들었고, 이증이 죽자 기다리고 있었다는 듯 많은 고관들이 구애를 했다.

초요갱은 예장도감판관 신자형의 첩으로 들어갔다. 그러나 초요갱은 이번에도 조용히 살 수 없었다. 신자형의 칠촌 조카 중에 안계담이라는 인물이 있었는데, 초요갱을 한 번 보고는 넋을 잃고 빠져들었다. 초요갱은 이미 중년의 나이에 이르렀으나 아름다운 얼굴과 매혹적인 자태는 여전히 남성을 사로잡기에 충분했다.

'오오, 정녕 아름다운 여인이로나.'

칠촌 아저씨의 첩이었으나 안계담은 초요갱에게 끊임없이 사랑을 호소했다. 초요갱이 이를 거절하자 하루는 신자형의 집에 뛰어 들어가 마구 행패를 부렸다. 신자형의 부인 이씨가 놀라서 달아나다가 난간에서 떨어지고 종들이 혼비백산하여 우왕좌왕했다. 안계담은 초요갱의 행방을 대라면서 종들을 마구 때렸다. 안계담이 신자형의 집에서 행패를 부리는 바람에 그녀에 대한 이야기가 또다시 장안을 뒤흔들었다. 안계담은 사헌부의 탄핵을 받고 곤장 80대를 맞았다.

이러저러한 이유로 초요갱이 신자형의 집안사람들에게 곱게 보일 리 없었다. 초요갱은 신자형의 정처를 비롯하여 여종들에게까지 박대를 받았다. 억울한 초요갱은 여종들의 횡포를 신자형에게 고했다. 어쩌면 그동안 수많은 사람들에게 당한 설움을 되갚기 위해 이를 갈았는지 몰랐다. 그러나 이것은 또 다른 비극을 부르고 말았다. 그녀의 말을 들은 신자형은 여종 둘을 때려죽였고, 정처를 모질게 구박하다가 이 일로 사헌부의 탄핵을 받게 되었다. 이 사건으로 세조는 신자형의 직첩을 거두게 하고 초요갱은 유배를 보냈다.

초요갱은 이후 어떻게 되었을까. 실록에는 초요갱을 외방으로 보냈다는 기록밖에 없다. 초요갱은 먼 지방으로 유배되어 그곳에서 일생을 마쳤을 것으로 추정된다.

조선을 떠들썩하게 뒤흔들었던 궁중악의 유일한 전승자 초요갱, 만년은 쓸쓸했을지 몰라도 수많은 남자를 울고 웃게 한 최고의 미녀이자 예술가임에는 분명하다.

기생신고식
나의 정체성을 찾다

　기생은 엄밀하게 말하면 사내들의 노리개에 지나지 않았다. 춤과 노래로 사내들의 유흥을 돕고 잠자리 시중까지 드는 것이 그녀들의 일이었다. 화려한 옷차림과 단장으로 가려진 기생들의 삶은 호화로워 보이지만 내면의 삶은 비참했다. 사대부들과 사랑을 하여도 딸을 낳으면 기생이 되고 아들을 낳으면 천민이 된다. 권력자들이 첩으로 들어앉혀 기적에서 빼 주어야 고달픈 노리개 신세를 면하지만 그녀의 자식들은 주류에 편입될 수 없는 서자에 지나지 않았다.

　기생들은 자신의 천한 신분을 자각하고, 그 신분에서 벗어나기 위해 몸부림쳤다. 많은 기생들의 꿈은 사대부의 첩이 되는 것이었다. 그러나 첩이 된다고 해서 모든 문제가 해결되지는 않는다. 호의호식은 할 수 있어도 본처의 멸시와 투기를 견디어야 했다.

　초요갱은 궁중악의 유일한 전승자로 빅연의 수제자니 디를 바 없었다. 사실 초요갱은 기생이라기보다 궁중예술가라고 보는 것이 타당하다. 예술가로 높은 긍지를 가지고 있던 초요갱은 쟁쟁한 사대부들도 눈 아래로 보았다. 한양의 선비 최세원이 초요갱의 명성을 듣고 구애를 했으나 초요갱은 거들떠보지도 않았다. 최세원은 이에 이를 갈았던 듯하다.

　과거에 급제한 최세원은 유가(과거에 급제한 사람이 3일 동안 장안을 돌아다니면서 구경시키던 일)를 하면서 장통방長通坊으로부터 내려왔다. 쌍일산雙日傘은 빌簾

을 드리운 것처럼 번쩍였고, 우부(벼슬아치 집에서 부리는 하인)가 덩실덩실 춤을 추며 길을 인도했다. 거리에는 장원급제를 한 사람을 보기 위해 구경꾼들이 구름처럼 몰려나왔다. 최세원은 한껏 거드름을 피웠다. 그러잖아도 성균관에서 학문이 첫째라고 자부하던 인물이었다. 최세원은 검붉은 말을 타고 초요갱의 집 앞에 이르러 우부에게 말했다.

"잠깐 들을 말이 있으니, 너는 소리를 높여 어허랑(3일유가 때 배우들이 부르던 노래)을 불러라."

최세원의 지시에 우부들이 일제히 어허랑을 부르는데 그 소리가 하늘을 찌를 것 같았다. 집집마다 사람들이 문을 열고 내다보자 초요갱도 무슨 일인가 싶어 밖으로 나왔다. 초요갱은 검은 머리를 되는 대로 꽂아 올리고 동백기름이 흐르는 초록색 겹옷을 입은 채, 붉은 소매를 걷어 올리고 문에 기대어 서 있었다.

"네가 항상 교만하여 내 말을 듣지 않더니, 오늘 일은 과연 어찌된 일인가. 내가 예조 좌랑이 되면 너는 나의 종아리채를 감당해 내겠느냐."

최세원이 한껏 거들먹거리며 초요갱에게 호통을 쳤다. 궁중악을 담당한 부서는 예조다. 궁중악의 책임자가 되어 초요갱의 엉덩이를 때리겠다는 최세원의 심보는 가소롭기까지 하다.

"흥! 이제야 엉덩이 위에 먼지를 털게 되었구나."

초요갱이 종종걸음으로 들어가면서 콧방귀를 뀌었다. 초요갱은 장원급제를 하여 서슬이 퍼런 최세원의 위협에도 눈도 깜박하지 않았던 것이다. 초요갱의 자부심이 얼마나 대단한지 알 수 있는 대목이다.

기생들이 사대부의 첩이 되는 것은 신분 상승의 유일한 통로이지만 완

벽한 것은 아니다. 기생들은 그러한 처지를 스스로 알고 있었기 때문에 사랑을 믿지 않고 부를 축적하는 일에 열중하기도 했다. 많은 기생들이 부유한 사내들에게 교태를 부려 총애를 얻은 뒤 재산을 빼앗아 축적했다.

평양 기생 모란은 미모가 출중하여 한양으로 뽑혀 올라왔다. 그녀는 미모로 순식간에 장안에 명성을 떨쳤다. 시골에서 올라온 선비가 모란에게 빠져 재산을 모두 맡기자, 모란은 선비가 잠이 든 사이에 재산을 모두 챙겨 가지고 달아났다. 선비는 교방 근처에서 잠복하다가 모란을 만나 재산을 내놓으라고 소리를 질렀다.

"얘들아, 기생에게 준 것을 도로 달라는 이 어리석은 바보를 봐라."

모란이 교방에 있던 기생들을 불러서 소리를 질렀다. 그러자 기생들이 일제히 달려 나와 손가락질을 하면서 선비에게 모욕을 주었다. 선비는 얼굴이 붉어져 달아났다. 모란의 일화가 아니더라도 선비들이 기생에게 정신을 빼앗겨 재산을 탕진한 예는 얼마든지 있다.

기생에게 오직 남성만이 관심의 대상이었다고 생각한다면 오해다. 용천 기생 초월은 16세의 어린 나이에 장문의 상소를 올려 임금에게 주색에 빠지지 말고 어진 정사를 보라고 꾸짖었고, 함흥 기생 김섬은 임진왜란 때 일본으로 끌려가서도 절개를 굽히지 않았을 뿐 아니라 도쿠가와 이에야스 부인을 비롯하여 상류층 부인들에게 문장과 예절을 가르쳐 일본에까지 명성을 떨쳤다.

기생들은 정체성을 찾기 위해 시를 지었다. 시로서 남자들과 당당하게 맞서고 시로서 자신들의 삶과 사랑을 표현했다.

매화 옛 등걸에 봄철이 돌아온다
옛피던 가지마다 핌직도 하다마는
춘설이 난분분하니 필동말동 하여라

평양기생 매화가 지은 시조다. 그녀는 여러 편의 시조를 남겼는데 운율
이 여성답지 않게 기개가 있었다.

죽어서 잊어야 하랴 살아서 잊어야 하랴
죽어 잊기도 어렵고 살아 잊기도 어려워라
저 님아 한 말만 하시라 사생결단하리라

이별을 노래하는 매화의 시조인데 헤어지자는 말을 하면 사생결단하겠
다는 결연한 표현이 입가에 미소를 돌게 한다. 사랑과 명예, 부귀를 부질
없는 것으로 생각한 기생들은 예술혼으로 정체성을 찾기도 했다.

나는 이제 모든 남자의 꽃이 될 것이다

송도 기생 황진이

불이 붙은 듯 단풍이 붉게 물든 가을이었다. 울창한 숲을 흔들며 바람이 불 때마다 맑은 솔 향이 쏟아진다. 천마산의 폭포에서는 하얀 물줄기가 장쾌하게 쏟아져 내려 고모담姑母潭을 거쳐 골짜기로 흘러내린다. 폭포 아래 연못의 물은 못 속의 바위가 보일 정도로 맑고 투명하다. 못 주위는 단풍이 온통 붉게 물들어, 색색의 수목이 수려한 자태를 물속에 드리고 있다.

쏴아아아. 빗소리 같은 바람소리가 들리면서 후박나무의 노란 잎

사귀 하나가 하늘거리며 떨어져 연못의 물결을 따라 밀려다닌다. 폭포 오른쪽 못가에 있는 범사정泛斯亭에는 두 남녀가 탈속한 모습으로 앉아 있다.

여인은 거문고를 타느라고 머리를 살짝 숙이고 있다. 윤기 있는 까만 머리카락을 단정하게 빗어 가르마를 탄 뒤에 쪽을 지어 비녀를 꽂고, 가을호수처럼 깊고 서늘한 눈은 거문고 줄을 사선으로 내려다보고 있다. 여인의 거문고 소리는 천상에서 들려오는 소리처럼 아름답게 울려 퍼진다. 정자관을 단정하게 쓴 사내는 눈을 지그시 감고 거문고 소리에 귀를 기울인다.

거문고 젓대를 쥔 여인의 손이 줄 위를 현란하게 오간다. 음률만 아름다운 것이 아니라 여인의 손놀림 또한 춤을 추듯이 맵시 있다. 푸른 저고리에 다홍치마를 입은 여인의 어깨가 거문고 젓대질에 따라 덩달아 들썩인다.

청산리 벽계수야 수이감을 자랑 마라

앵두처럼 붉은 여인의 입이 살짝 벌어지면서 시조창이 터져 나온다. 사내는 깜짝 놀란 듯이 실눈을 뜨고 바라보다가 다시 지그시 눈을 감는다. 여인의 소리는 이미 득음의 경지에 올라 있다. 맑고 고운 노랫소리가 간들간들 끊어지지 않고 울려 퍼진다.

일도창해하면 돌아오기 어려우니

송도일절 박연폭포에서는 하얀 물줄기가 장쾌하게 쏟아져 내리고, 송도이절 화담 서경덕은 지음^{知音}으로 송도삼절인 황진이 시조창의 오묘한 세계를 노닐고 있다.

"허, 송도삼절이 다 모였군."

"송도삼절이라고?"

"박연폭포, 화담 서경덕, 기생 황진이를 송도삼절이라고 하지 않는가?"

"가만히들 있게. 이러다가 진랑의 노래를 듣지 못하겠네."

박연폭포의 절경을 감상하러 왔던 선비들이 낮은 목소리로 수군거리며 못가에 둘러앉았다.

명월이 만공산할제 쉬어감이 어떠리

황진이의 시조창이 끝나자 선비들은 자신도 모르게 낮게 탄식했다. 황진이는 시조창을 끝낸 뒤에 신명이 지핀 듯 거문고를 계속 연주한다. 하늘에서 들려오는 천상의 소리가 이토록 아름다운가. 선비들은 넋을 잃고 범사정의 여인을 바라본다. 그녀가 머물던 자리에 사흘 동안 향기가 머물러 있었다는 황진이였다. 그녀의 옥용을 보는 것만 해도 감지덕지할 노릇인데 거문고 연주까지 듣게 된 것이다.

가을이라 해가 짧았다. 석양이 지고 어둠이 내리기 시작하는데도 황진이는 거문고 연주를 그치지 않았다. 이내 동산에 둥근 달이 떠올라 달빛이 휘영청 밝았다. 교교한 달빛은 박연폭포와 골짜기에 신비스러운 광망을 뿌리고 사방은 월색^{月色}에 묻혀 고요했다.

황진이가 연주하는 거문고의 청아한 음향은 달빛을 타고 아득한 창천으로 퍼져 나갔다. 선비들은 월색으로 가득한 골짜기에서 선음^{仙音}에 취한 듯 돌아갈 생각도 하지 않고 귀를 기울이고 있었다. 황진이가 '무산지곡'의 제1곡을 연주하기 시작했다.

황진이가 첫 번째 무산지곡을 연주하자 맑고 시원한 한 줄기의 청풍이 불어왔다. 선비들은 오장육부가 찬물에 씻겨 내려가는 듯한 청량감에 몸을 떨었다.

황진이가 무산지곡의 두 번째 곡을 연주하자 사방에서 일곱 빛깔 채운^{彩雲}이 몰려왔다. 선비들은 혼이 달아난 듯 넋을 잃고 황진이를 바라보았다.

황진이가 세 번째 곡을 연주하자 어디선가 한 쌍의 학이 날아와 창천에서 춤을 추고, 범사정 아래로 산짐승들이 내려와 귀를 기울였다. 황진이는 무아지경^{無我之境}에 빠져 거문고를 연주하고 선비들은 선경에 이른 듯 황홀한 시간 속으로 빠져 들어갔다. 일수유(손가락을 한 번 튕길 정도의 짧은 시간)가 흐른 것 같기도 했고 억겁의 시간이 흐른 것 같기도 했다.

황진이가 마침내 거문고 연주를 끝냈다. 거문고 소리가 멎었으나 선비들은 여전히 넋을 잃고 황진이에게서 눈을 떼지 못했다. 거문고의 여음이 아직도 귓전을 울리고 있었다.

황진이는 연주를 마치자 비로소 서경덕을 묵연히 바라본다. 서경덕은 경이라도 들은 듯이 온화한 표정을 짓고 있었다.

화담 서경덕과의 인연

서경덕은 어머니가 공자의 사당에 들어가는 태몽을 꾸고 잉태하였다고 한다. 그는 14세에 ≪서경≫을 배우다가 태음력의 수리 계산인 일(日)·월(月) 운행의 도수度數에 의문이 생기자 보름 동안 궁리하여 스스로 해득하여 사람들을 놀라게 했다. 18세 때 ≪대학≫의 치지재격물致知在格物조를 읽다가 '학문을 하면서 먼저 격물을 하지 않으면 글을 읽어서 어디에 쓰리오?' 하고 탄식하고는 천지만물의 이름을 벽에다 써 붙여 두고 하루도 거르지 않고 연구했다. 31세에는 조광조에 의해 채택된 현량과賢良科에 응시하도록 수석으로 추천을 받았으나 사양하고 개성 화담花潭에 서재를 세우고 학문 수양에 전념했다. 1531년(중종 26)에는 어머니의 요청으로 생원시에 응시하여 장원으로 급제하였다. 그러나 서경덕은 벼슬을 단념하고 성리학의 연구에 골몰하여 더욱 명성을 떨치게 되었다.

"지족선사는 법력이 높은데도 색을 끊지 못했다. 화담이라는 자는 또 얼마나 위선에 가득 차 있기에 명성을 얻고 있는가. 나는 화담을 유혹하여 사대부들이 갖고 있는 위선의 껍질을 벗길 것이다."

송도의 지족선사는 30년 동안이나 면벽수도를 하여 고승으로 널리 알려져 있었으나 황진이가 한밤중에 찾아가 알몸으로 곁에 눕자 색욕을 제어하지 못하고 파계하고 말았다.

황진이는 이번에는 서경덕을 시험하기 위해 허리에 조대(여러 겹의 실로 만든 띠)를 감고 찾아갔다.

"첩이 들으니 남자는 가죽띠를 두르고 여자는 실띠를 두른다고 했습니다. 첩은 학문에 뜻이 있어 허리에 실띠를 감고 선생을 찾아뵈었습니다. 부디 학문을 가르쳐 주십시오."

황진이가 서경덕에게 절을 하고 말했다.

"학문이라…… 학문은 배워서 무엇 하려는고?"

서경덕이 황진이를 가만히 살피다가 혀를 찼다.

"덕이 높은 선비가 되고자 합니다."

"선비가 되어서 무엇을 하려느냐?"

"선생과 같은 명성을 얻고 싶습니다."

"명성이 무엇이냐? 다 부질없는 짓이다. 네가 나를 찾아온 것은 학문을 배우기 위해서가 아니라 나를 유혹하기 위한 것이 아니냐?"

"선생께서는 스스로 명철하다고 생각하시어 그렇게 판단하는 모양인데 어찌 첩의 속내를 그리 가볍게 판단하십니까? 열 길 물속은 알아도 한 길 사람 속은 모른다고 하지 않습니까?"

"어린애가 배고파하는 것을 부모가 모르겠느냐? 마음이 올곧지 않으면 얼굴에 드러남이 있다."

"그렇습니까? 그렇다면 선생의 말씀대로 첩이 그런 목적을 가지고 왔다면 어찌 하시겠습니까?"

"공연한 일이다. 헛수고를 하지 마라."

서경덕이 눈을 감고 가만히 도리질을 했다.

"선생께서는 여기를 보십시오."

황진이가 갑자기 저고리 옷고름을 풀면서 말했다. 서경덕이 고개를 들자 황진이의 희고 뽀얀 유방이 절반이나 드러나 있었다. 서경덕은 눈이 커졌으나 이내 평온을 찾았다.

"이게 무엇입니까?"

"너의 가슴이다."

"가슴이 아름답지 않습니까?"

"아름답다. 너무나 아름다워서 보고 있기가 눈이 부시다."

"아름답다면 만지고 희롱하고 싶지 않으십니까?"

"내가 아름답다고 한 것은 너의 가슴에서 젖이 나오기 때문이다. 세상에 갓 태어난 아기에게 젖을 먹이는 여자의 가슴은 천하의 그 어떤 것보다 아름다운 것이다. 무릉도원의 기화이초奇花異草가 이보다 아름답겠느냐?"

황진이는 서경덕의 말에 얼굴이 붉어졌다. 그를 유혹하려던 자신의 마음이 한없이 초라하게 여겨졌다. 황진이는 이후에도 여러 차례 서경덕을 유혹했으나 그는 좀처럼 흔들리지 않았다.

"지족선사는 나의 유혹을 뿌리치지 못하고 파계했는데 화담 선생은 조금도 흐트러지지 않았으니 진실로 성인이다."

황진이는 서경덕에게 감화되어 그의 제자가 되었고, 서경덕은 일취월장하는 황진에게 감탄하여 몇 년 동안 계속 학문을 가르쳤다.

"기의 본질인 태허는 맑고 형체가 없는 것으로 선천先天이라 한다. 그 크기는 한정이 없고 그에 앞서서 아무런 시초도 없으며, 그 유래는 추궁할 수도 없다. 맑게 비어 있고 고요하여 움직임이 없는 것이 기의 근원이다."

"그렇다면 무無라고 할 수 있습니까?"

"기는 널리 가득 차 한계의 멀고 가까움이 없으며, 꽉 차 있어 비거나 빠진 데가 없으니 털끝만큼도 용납될 틈이 없다. 그렇지만 오히려

실재實在하니 무無라고 할 수는 없는 것이다. 생성과 소멸하는 모든 것은 무한히 변화하는 기의 율동이다."

서경덕의 말에 황진이는 눈을 새롭게 뜨는 것 같았다.

"기는 가득 차 있어 빈틈이 없으며 시작도 없고 끝도 없는 영원한 존재이며, 스스로의 힘에 의해서 만물을 생성할 수 있으므로 그것 이외에 어떤 원인이나 그 무엇에 의존하지 않는 것이다. 이러한 기氣는 모였다가 흩어지는 운동은 하지만 그 자체는 소멸하지 않는다. 기가 한데로 모이면 하나의 물건이 이루어지고, 흐트러지면 물건이 소멸한다. 이를 테면 물이 얼면 얼음이 되고, 얼음이 녹으면 다시 물로 환원되는 것과 같은 것이다."

"이理는 무엇입니까?"

"이란 기의 주재主宰이다. 주재란 것은 밖에서 기를 주재하는 것이 아니요, 기의 움직임이 그러한 까닭에 정당성을 가리켜 이것을 주재라 한다. 이는 기보다 선행할 수 없다. 기는 본래 무시無始한 것이니, 이도 본래 무시한 것이다. 만일 이가 기보다 선행한다고 하면 이것은 기가 유시한 것이다."

"인간의 죽음도 우주의 기에 환원되는 것입니까?"

"만물은 모두가 잠시 기탁한 것 같다."

황진이는 서경덕의 설명에 깊은 감명을 받았다. 그리고 한문의 깊이가 깊어지는 만큼 그를 향한 마음도 나날이 깊어졌다. 그러나 끊임없는 구애에도 서경덕은 추호의 흔들림이 없었다.

'화담 선생은 나를 여자로 생각지 않으시는구나.'

서경덕에 대한 마음이 깊어진 황진이는 눈물을 흘리면서 서경덕에게 물었다.

"사람의 육신은 무엇입니까?"

"그저 육신일뿐이다."

"늙고 병들면 한낱 재가 되는 것이 아닙니까?"

"재도 소멸되어 기가 된다."

"죽으면 소멸되는 육체인데 무엇을 위하여 저의 마음을 받아주지 않으십니까?"

"기는 정신이다. 맑은 정신을 위하여 탁한 행위를 하지 않으려는 것이다."

황진이는 서경덕의 말에 실망하여 어두운 밤길을 걸어 집으로 돌아왔다. 마음을 다스리려 몸을 뉘었으나 좀처럼 잠이 오지 않았다.

'사람은 죽으면 한 줌의 흙이 될 뿐인데 무엇을 위하여 아등바등 사는가?'

불현듯 금강산 구경이 하고 싶어진 황진이는 평소에 벗으로 지내던 명문거족 재상의 아들 이생을 불러 제안했다.

"중국인들도 금강산을 천하 명산이라고 하는데 조선에 살면서 보지 않고 죽는 것은 한스러운 일입니다. 우리가 살면 얼마나 살겠습니까? 선랑仙郎은 호방한 분이니 갈건야복(허름한 옷)을 입고 나와 함께 금강산의 명승을 유람해 보는 것이 어떻겠습니까?"

황진이는 서경덕이 자신의 사랑을 받아주지 않자 모든 것을 훌훌 털어버리고 떠날 결심을 한 것이다. 이생은 황진이의 말을 듣고 쾌히 허락했다. 재상의 아들 이생이 누구인지는 기록에 나와 있지 않다. 이씨 성을 갖고 있는 재상이라면 당시 영의정을 지낸 이준경이 유력하지만 확실치 않다.

이생은 베옷과 초립 차림을 하고, 황진이는 송라(여승이 쓰는 얼굴을 가릴 정도로 깊이 내려온 모자)를 쓰고 베적삼에 무명치마를 입고 금강산을 향해 출발했다. 그들은 부유했으나 종복도 거느리지 않고 표연히 송도를 떠났다.

금강산으로 떠난 배낭 여행

금강산은 천하제일의 명산이다. 기암절봉이 우뚝 솟아 있고 골짜기에는 원시림처럼 옥류가 흐르고 있다. 봉우리가 일만이천봉이라고 불릴 정도로 수많은 봉우리가 저마다 빼어난 경관을 자랑한다. 금강산 장안사로 돌아가는 수십 리 길은 금모래 같은 가는 풀로 뒤덮여 있고, 낙락장송은 하늘 높이 솟아 있다. 황진이는 이생과 함께 여러 날에 걸쳐 장안사와 표훈사를 돌아보고 비로봉, 향로봉 백천폭포까지 두루 감상했다.

"아아, 과연 천하의 절경입니다."

금강산의 절경에 취한 황진이와 이생은 가진 것이 없어도 배가 불렀다. 그들은 비가 오면 맞고 바람이 불면 피했다. 산을 오르다가 지치면 바위 위에 누워서 하늘에 구름이 흘러가는 것을 보면서 쉬었다. 때때로 황진이가 중들에게 몸을 팔아 양식을 얻기도 했다. 금강산에는 많은 사찰이 있는데 일부 중들은 속인이나 다를 바 없었다.

황진이는 금강산 여행에서 그녀의 탈속한 성품답지 않게 여러 가지 파격적인 기행을 보인다. 무엇보다 끼니를 위해 중에게 몸을 팔았다는 기록이 의아하다. 황진이는 자신의 육체까지도 허상이라고 생각하여 홀홀 내던진 것일까. 그렇다면 황진이는 진정 속인의 세상을 떠난 여인이었다.

이생 역시 당대의 사대부들과 전혀 다른 모습을 보인다. 이생은 황진이가 중들에게 한 끼의 끼니를 위해 몸을 팔아도 탓하지 않았다. 그들은 산골이 깊은 곳에서는 소리를 뽑고, 선녀담에서는 목욕을 하고 호젓한 곳에서는 춤을 추며 자유롭게 시간을 보냈다.

하루는 금강산에서 내려오다가 송림이 울창한 골짜기에서 선비들이 술과 고기를 차려놓고 있는 것이 보였다. 황진이가 선비들 앞에 가서 절을 하고 술 한 잔을 달라고 청했다.

"술을 마실 줄 아는가?"

선비들이 너무나 남루하여 거지나 다름없는 행색을 한 황진이에게 물었다.

"술도 마시고 노래도 부를 줄 압니다."

황진이가 허리를 숙이고 공손하게 대답했다.

"핫핫핫! 그러면 이 술을 마시고 노래를 불러 보아라."

선비들이 웃으면서 권하자, 황진이가 사양하지 않고 술을 마신 뒤에 노래를 부르기 시작했다.

🌸 그리운 님 만남은 꿈이 있을 뿐
　　내 님 찾으면 님도 날 찾는 것을
　　이 뒤에는 꿈마다 길 위에서 만났으면 하노라

황진이의 목소리는 맑고 높아서 골짜기에 널리 울려 퍼졌다. 선비들이 깜짝 놀라서 기이한 일이라고 웅성거렸다.

"남루한 시골 아낙이 어찌 이런 노래를 부르는가? 오늘 우리의 귀가 큰 호사를 누렸다. 술과 음식을 마음껏 들도록 하라."

선비들이 감탄하여 말했다.

"첩이 데리고 다니는 하인이 굶주리고 있습니다. 남은 술과 음식을 나누어 주시겠습니까?"

"귀한 노래를 들었는데 우리가 어찌 술과 음식을 아끼겠는가?"

선비들이 허락하자 황진이는 이생을 불러다가 술과 고기를 배불리 먹였다.

금강산 구경을 마칠 때쯤 황진이와 이생은 길이 엇갈려 헤어졌다. 황진이는 금강산을 구경한 뒤에 태백산을 거쳐 지리산까지 둘러보고 오느라고 1년이 지나서 송도로 돌아왔는데, 행색이 남루하여 아무도 알아보지 못했다.

지리산에서 하산하여 금성(나주)에 이르자 고을원이 시찰을 나온 관찰사를 위해 잔치를 베풀고 있었다. 연회에는 기생들이 자리에 가득했는데, 황진이는 때 묻은 얼굴로 자리에 앉아 누덕누덕 해진 저고리를 벗어 이를 잡았다. 이를 본 기생들이 모두 기가 질려 입을 다물지 못했다. 그러나 황진이는 태연하게 거문고를 연주하고 노래를 불러 좌중을 경악하게 만들었다.

"나는 평생을 자유롭게 살고 많은 남자들과 즐겁게 살았다. 내가 죽으면 외로운 산골짜기에 묻지 말고 큰길가에 묻으라. 또한 장례가 나갈 때는 음악이 앞에서 인도하게 하라."

황진이는 금강산 여행을 마치고 얼마 지나지 않아 유언을 남기고 죽었다.

> 🌸 눈 내린 달밤은 고려왕조 풍경이며   雪月前朝色
> 　바람결의 종소리는 옛나라의 소리로다   風鐘古國聲
> 　남쪽 누각에 올라 우수에 젖어보니   南樓愁獨立
> 　허물어진 성곽에서 연기가 이는구나   殘郭暮烟生

황진이의 송도 회고시라는 오언절구다. 황진이는 기생으로서 드물게 기행과 파행을 일삼았고 많은 일화를 남겼다. 황진이는 진정 시인이자 가객이고 예술가였다. 그녀의 예술혼은 그녀가 남긴 시조에서 더욱 빛을 발한다.

맨얼굴을 드러낸 미인

황진이는 황진사의 서녀라는 설과 맹인의 딸이라는 설이 혼재한다. 정사로는 언급되지 않았기 때문에 그녀에 대한 수많은 기록과 설화가 무수히 창작되고 재구성되어 전해져 내려오고 있다. 기녀들 대부분이 어릴 때부터 교방에서 학문을 배우고 금기서화를 익히는데, 황진이는 당대의 기생들 중 가장 총명하고 아름다운 여인으로 묘사돼 있다. 황진이는 기녀였지만 우리가 익히 알고 있는 것처럼 결코 화장이나 옷차림이 화려했던 여인이 아니었다. 오히려 그녀는 수수

♥ 춤사위를 배우고 있는 기생들
어린 기생들은 손님이 들지 않는 시간이면 춤과 노래를 익혔다. 예술적 재능에
따라 기녀들의 등급도 달라졌다. 때론 고된 수련에 눈물을 흘리기도 하고 시름
에 잠기기도 했을 것이다.

한 것을 좋아하고 가꾸지 않았기 때문에 아름다움이 더욱 빛났다고
전해진다.

야사에 의하면 황진이의 어머니 현금도 절색의 미인이었다. 현금
의 나이 18세가 되던 어느 날 그녀는 송도의 병부교 밑에서 빨래를
하고 있었다. 그때 다리 위에서 단아한 선비가 현금을 살펴면서 웃고
있었다. 현금도 선비의 눈빛에 마음이 설레었다. 한참을 다리 위에서
현금을 바라보고 있던 선비가 갑자기 보이지 않았다. 현금은 선비가
보이지 않자 서운했다.

날이 어둑어둑하게 저물어 빨래하던 여자들이 하나 둘 돌아가자
그 선비가 또다시 다리 위에 나타나서 기둥을 의지하고 노래를 불렀

다. 그 노랫소리가 어찌나 그윽한지 현금은 정신이 아득하여 홀린 듯이 노랫소리에 귀를 기울였다.

"낭자, 목이 마른데 물 한 그릇을 얻어 마실 수 있겠는가?"

선비는 노래가 끝나자 현금에게 다가와서 말했다.

"네."

현금은 수줍어하면서 표주박에 물을 가득 떠서 선비에게 주었다.

"그대도 한 번 마셔 보아라."

선비는 반쯤 마시더니 웃으면서 표주박을 돌려주었다. 현금이 얼굴을 붉히면서 마시니 술이었다. 그녀가 의아하게 생각하고 있던 중 그에게 이끌려 숲으로 들어가 환애歡愛하여 황진이를 잉태했다. 황진이는 자라면서 용모와 재주가 따를 자가 없었고 노래도 절창絕唱이었다. 사람들은 그녀를 선녀라고 불렀다고 한다. 1631년(인조 9) 이덕형이 쓴 ≪송도기이松都記異≫에 기록이 남아 있다.

황진이는 비록 기녀의 신분이었으나 성품이 깨끗하여 번화하고 화려한 것을 좋아하지 않았다. 기녀이기 때문에 관청에서 부르면 어쩔 수 없이 참석하기는 했으나 빗질하고 세수만 하고 나갈 뿐, 옷도 바꾸어 입지 않았다. 또 방탕한 것을 좋아하지 않아서 시정의 천박한 졸부들은 천금을 준다고 해도 거들떠보지 않았다. 그녀는 선비들과 시를 짓고 학문을 토론하는 것을 좋아했다.

"황진이가 이술異術을 가져서 그러했던가?"

사람들은 황진이가 요사스러운 술책을 부리는 것이 아닌가 하고 의심했다.

"이술인지는 알 수 없으나 방 안에서 때때로 이상한 향기가 나서

며칠씩 없어지지 않았습니다.”

황진이를 알고 있는 사람들이 말했다.

황진이가 기생이 된 원인은 그녀를 짝사랑하는 동네 총각 때문이라는 야사가 전해진다. 황진이가 자라면서 미모가 선녀처럼 아름다워지자 그녀를 한 번 본 동네 총각이 짝사랑을 하게 되었다. 총각은 황진이에게 구애를 했으나 거절을 당했고, 이후 시름시름 앓다가 상사병으로 죽었다.

총각의 상여가 황진이의 집 앞을 지날 때 갑자기 움직이지 않았다. 요상한 일이라며 사람들이 어쩔 줄을 몰라 하고 있을 때 이를 본 지나가던 노승이 황진이의 옷을 벗어 덮어주면 떠날 것이라고 했다. 이에 황진이가 적삼을 벗어 상여에 덮어주자 과연 상여가 움직였다.

‘내가 무엇이건대 한 목숨을 잃게 만들었는가? 나는 이제 모든 남자의 꽃이 될 것이다.’

자신으로 인해 젊은 총각이 목숨을 끊었다는 사실에 큰 충격을 받은 황진이는 기생이 되었고 마침내 조선시대 최고의 명기 반열에 오른다.

사대부를 사로잡은 재능

황진이는 미모뿐만 아니라 재주가 출중한 기녀로 더 많이 알려졌다. 노래는 당대에 따를 자가 없었다. 황진이의 노래에 관한 이야기는 여러 종류가 전해오는데, 그중 하나가 악공 엄수가 황진이의 노래에 감탄했다는 이야기이다. 그는 칠십의 노인으로 온 나라에 명성이 자자한 가야금의 명인이었다. 엄수는 처음 황진이를 보자 미색에 탄식했고 이어 그녀가 자신의 가야금 반주에 맞추어 노래를 부르자 자기도 모르게 벌떡 일어나서는,

"이것은 동부(洞府)의 여운(餘韻)이로다. 세상에 어찌 이런 곡조가 있으랴?"

하고 감탄했다고 한다.

황진이의 노래 실력에 관한 또 다른 일화로 송염과의 인연을 들 수 있다. 송염은 풍류인(風流人)으로 평생 풍류장에서 늙은 사람이다. 송염이 처음 송도에 유수로 부임을 했을 때는 마침 나라의 명절이었다. 송도의 낭료들이 부아(府衙)에 주연을 준비하자 그 자리에 황진이가 와서 인사를 했다.

"아아, 저 여자가 송도삼절인가? 이름이 결코 헛되지 않다!"

송염은 황진이를 보자 눈앞이 환해지고 마음이 움직였다. 그런데 이를 고깝게 지켜보는 이가 있었다. 송염은 첩을 데리고 송도에 부임했는데, 관서(평안도)의 명물이라고 불릴 정도로 첩도 미인이었다.

"과연 절색이로다! 잘못하면 나의 첩자리를 빼앗길지 모르겠다."

문틈으로 황진이를 엿본 송염의 첩은 머리를 풀고 버선도 벗은 채 문을 박차고 뛰쳐나와 잔치를 난장판으로 만들었다. 여러 종들이 붙들고 말렸으나 미친 여자처럼 날뛰어 송염이 놀라 일어나고, 자리에 있던 손님들도 모두 혀를 차면서 돌아가 파장이 되었다.

송염이 하루는 어머니를 위해 주연을 베풀었다. 한양에 있는 난다 긴다 하는 기생들을 모두 불러 모았으며, 이웃 고을의 사또와 고관을

지내고 향리에 돌아와 있는 명망 높은 선비들이 참석했다. 붉게 분칠
한 여인들이 꽃이 피어난 것처럼 자리에 가득하고 비단옷을 입은 사
람들이 한 무리를 이루었다.

이때 황진이는 얼굴에 화장도 하지 않고 수수한 차림으로 자리에
나왔는데, 천연한 태도와 은은한 광채가 사람을 움직여 모든 사람들
이 국색國色이라 칭송을 아끼지 않았다.

그러나 송염은 그녀를 쳐다보지 못했는데, 그것은 첩이 또 엿보다
가 전날과 같은 변을 일으킬까 염려됐기 때문이었다. 그는 술이 취하
자 비로소 시비로 하여금 파라에 술을 가득 부어서 황진이에게 마시
기를 권하고 가까이에서 노래를 부르게 했다. 황진이가 매무새를 가

다듬어 노래를 부르는데, 맑고 고운 노랫소리가 간들간들 끊어지지 않고 하늘에 사무쳤으며, 고음 저음이 다 맑고 고와서 일반 시정에서 불리는 곡조와는 전혀 달랐다.

"천재로구나."

무릎을 치며 탄식한 송염은 황진이의 노래 솜씨에 찬사를 아끼지 않았다. 이후 송염은 수시로 황진이를 불러 노래를 청했으나, 송염의 첩은 더 이상 시기하지 못했다고 한다.

황진이는 노래와 춤만 뛰어난 것이 아니라 시도 뛰어나 사대부들의 관심을 끌었다. 판서를 지낸 소세양은 평소 여색을 가까이 하지 않겠다고 친구들에게 큰소리를 쳤다. 그러자 친구들이 송도 명기 황진이를 만나면 절대 그렇지 않을 것이라고 말했다.

"내가 단언하건대 황진이를 만나 30일만 같이 지내고 단 하루도 더 머물지 않겠다. 하루라도 더 머물면 사람이 아니다."

소세양은 친구들에게 큰소리를 치고 송도에 가서 황진이와 함께 30일을 지냈다.

"내 이제 친구들과 약속한 30일이 되었으니 내일은 떠나겠다."

소세양이 황진이에게 말하고 송도 남루에서 잔치를 베풀었다.

"기왕에 떠나신다니 작별의 시 한 수를 지어 올리겠습니다."

황진이는 애석해하는 빛도 없이 오언절구 한 수를 지었다.

달빛 가득한 뜰에 오동잎 지고	月下庭梧盡
서리 내린 들에는 국화가 피었네	霜中野菊黃
높은 누각은 하늘에 맞닿아 있고	樓高天一尺

사람은 취했으나 끝없이 마시네	人醉酒千觴
흐르는 물소리 거문고와 어울려 싸늘하고	流水和琴冷
매화향기는 피리소리에 섞인다	梅花入笛香
내일 아침 서로가 헤어진 뒤에도	明朝相別後
정을 주어 푸른 물결처럼 끝이 없으리	情與碧波長

황진이의 시를 읽은 소세양은 무릎을 치고 감탄했다. 소세양은 일곱 살 때부터 시를 지었다는 명문장가다. 황진이 시의 진가를 몰라볼 리 없었다. 그는 황진이의 시에 감동하여 사람이 아니라 해도 좋다며 며칠을 더 머물렀다.

조선사 최초의 계약 동거

황진이는 남자처럼 호방한 여인이었다. 무수한 남자들이 그녀를 찾아왔으나 그녀는 풍류를 안다면 빈부귀천을 가리지 않고 맞이했다. 남자들은 황진이와 시를 짓고, 거문고를 연주하고, 춤을 추었다. 황진이는 마음에 들면 꺼릴 것 없이 남자들과 육욕을 나누었다. 어떻게 보면 남자들이 황진이를 농락한 것이 아니라 황진이가 남자들을 농락했다고 보아야 할 것이다.

선전관 이사종은 무예가 뛰어난 인물이었으나 조선 팔도에 가객(시조와 창을 잘하는 사람)으로 널리 알려져 있었다. 그는 황진이가 천하제일의 명기라는 말을 듣고 송도의 천수원 냇가로 갔다. 그곳은 황진이의 집에서 가까운 곳이었다. 이사종이 냇가에 말을 매놓고 노래 몇 곡을 불렀다. 황진이는 처음에 무심하게 피리 소리를 들었으나 점점 빠져 들어갔다.

'저 노래는 봉황구곡?'

봉황구곡은 사마상여가 탁문군에게 사랑을 고백하는 노래다.

"이 노래를 누가 부르는 것인가? 보통의 노래가 아니다. 한양의 가객 이사종이 절창이라는 말을 들었는데 그 사람이 송도에 온 것인가?"

황진이는 종을 시켜 냇가에 가서 노래를 부르는 사람을 찾아보게 했다.

"가객 이사종이 맞다고 합니다."

종이 돌아와서 황진이에게 고했다. 황진이는 이사종을 찾아가 공손히 인사를 하고 집에 와서 머물 것을 청했다. 이사종이 따라와 황진이의 집에서 사흘을 머물렀다.

"그대만 좋다면 기한을 정하여 동거하고 싶습니다."

황진이가 이사종에게 제안했다.

"나도 찬성이오. 몇 년을 기한했으면 좋겠소?"

"6년입니다."

"좋소. 그럼 당신이 먼저 내 집에 들어와 3년을 사시오."

황진이는 이사종의 집에 들어가 3년 동안 자신의 돈으로 두 집 살림을 모두 꾸렸다. 3년이 지나자 이사종이 황진이의 가솔들이 먹고 사는 비용을 모두 대주면서 함께 살았다.

"약속한 기한이 모두 끝났습니다."

황진이는 다시 3년이 지나자 이사종에게 미련 없이 작별을 고하고 헤어졌다. 황진이와 이사종의 동거는 계약 동거다. 당시에 이런 파격적인 계약 동거를 했다는 것은 황진이가 시대를 앞서 가는 여인이라는 사실을 의미한다.

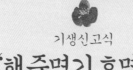

'해주명기 호명기'

기생은 대부분 관기이기 때문에 고을 수령이 바뀔 때마다 기녀안에 의해 점고(명부에 일일이 점을 찍어 가며 사람의 수를 조사함)를 하게 된다. 춘향전에서 보는 변학도의 기생 점고가 관기 점고의 대표적인 예다. 수령들은 임지에 부임하면 육방관속부터 부역, 균역 등 모든 역을 보고받고 관노들까지 신고를 받는다. 기생 점고도 새로운 수령에게 바치는 신고식이었다. 기생 점고를 할 때 수령은 동헌에 좌정하고, 아래 섬돌에서 호장이 기생안을 들여다보면서 호명을 한다. 판소리 춘향전을 통해 점고하는 모습을 살펴본다.

"우후 동산의 명월이!" 명월이가 들어온다. 명월이라 허는 기생은 기생 중에는 일행 수라 점고를 맞이하려고 큰머리 단장을 곱게 허고 아장아장 어깃거려서 "예 등대나오." 좌부진퇴로 물러난다.
"청정자연이나 불개서래로다 기불탁속 굳은 절개 만수문장의 채봉이요." 호장이 기생안을 들여다보고 큰소리로 외친다. 그러면 채봉이라는 기생이 들어온다. 채봉이라 허는 기생은 아름아리가 북창문인제 걸음을 걸어도 장단을 맞추어 아장아장 아깃거려서 "예, 등대나오!" 점고 맞더니만 후보 진퇴로 물러난다.

춘향전의 기생 명월은 일행수다. 일행수는 행수기생으로 제일 먼저 점고를 하고 왼쪽으로 나가서 선다. 이는 호장을 도와 기생 점고를 수월하게 하기 위한 것이다. 기생을 점고할 때 격식이 있어서 호장은 목청을 잔뜩 길게 뽑고, 기생들은 신임 수령에게 잘 보이게 하기 위해서 정성스럽게 화장을 하고 옷도 성장을 한다. 그런데 기생을 호명하는 호장의 호명 격식이 재미있다. 단순하게 기생의 이름을 부르는 것이 아니라 그 앞에 시처럼 긴 문장으로 기생을 분칠하고 있다. 소수록에 '해주명기호명기'라는 상세한 기록이 있다.

옥도끼 둘러메고 계수나무 벤다한들 광명한 저 달빛이 더욱이 밝을 것이다. -옥계

명불허전하다 하면 희한한 가인이니 네 모양 네 재질로 옥인가랑 못 만날까. -명희

채약하러 가신 선생 운심부지 깊은 골에 못 오시나. 은비늘에 큰고기 낚아 돌아오시려는가. -채운

경경하던 님을 보니 애련지심 그지없다. 옥 같은 손 부여잡고 다시 보니. -경애

해주 기생 호명기는 원제목이 '해영명기호명기'로 되어 있는데 전체가 40명이다. 해영은 해주 감영을 의미한다.

죽음을 두려워 하지 않고
상소를 올리다

용
천
기
생

초
월

1846년(헌종 12), 불과 15세의 어린 기생이 임금에게 시폐 시정을 요구하는 장문의 상소문을 올렸다. 과연 이런 일이 가능한 것일까. 기생의 신분이나 여자의 몸이라는 것을 넘어 15세의 나이에 과연 이와 같이 문장이 도도한 장문의 상소문을 올렸다는 사실이 놀랍다.

상소문은 있으나 실록에는 이 상소에 대한 일체의 기록이 없다. 상소가 올라왔다면 실록에 기록되는 것이 당연하나, 임금에게까지 올라가지 못한 상소라면 사관들이 실록에 기록하지 않은 것이다.

상소문이 승정원에 이르면 승지들이 임금에게 올릴지 말지를 결정한다. 대부분의 상소는 임금에게 올리는 것이 규례이나 특별한 경우에는 올리지 않을 수도 있었다. 광해군의 정비인 중전 유씨가 올린 언문 상소도 기록은 남아 있으나 실록에는 언급조차 되지 않고 있다.

……텬계 임슐^{天啓 壬戌}의 듕뎐 뉴시^{柳氏} 언셔로 샹소ᄒᆞ여 굴오디 변방 근심이 노젹이 텬됴로 더브러 져 굿고 ᄯᅩ 아국으로 더브러 됴흐믈 ᄒᆞᄂᆞᆫ 쟤 진실로 아국을 ᄉᆞ랑ᄒᆞᄂᆞᆫ 쯧이 아니라……천계 임술 중전 유씨(柳氏 광해군 왕비) 언서로 상소하여 아뢰되 변방 근심이 노적(후금 청)이 천조(명나라)로 더불어 저 같이 하고 또 아국으로 더불어 조하를 하는 게 진실로 아국을 사랑하는 뜻이 아니라……

중전 유씨가 남편인 광해군에게 올린 상소문 첫 구절이다. 중전 유씨는 후금이 조선에 우호적인 태도를 취하는 것은 가식이고 명나라가 임진왜란 때 조선을 위해 5만 명을 파병했으니 의리를 저버려서는 안 된다고 주장했다. 이는 광해군이 명나라와 후금 사이에서 실리외교를 전개하자 이를 정면으로 반대하기 위한 상소였다. 소위 왕비의 상소문도 실록에는 한 줄의 언급조차 되지 않고 있는 것이다.

조선은 사대부의 나라다. 상소를 올릴 수 있는 것은 사대부로 한정된 특권층이었다. 천민이나 종들은 상소를 올릴 수 없다. 상소는 원칙적으로 국가 경영에 대한 것이나 임금의 잘못을 깨우쳐 선정을 베풀라는 뜻으로 올린다. 그러므로 정치에 참여하지 못하는 중인이나 천민, 여자들은 상소를 올릴 자격이 없었다.

그런 이유에도 불구하고 초월의 상소문은 존재한다. 상소문이 존재하니 승정원에 이르렀을 것이고, 이를 본 승지들은 경악했을 것이다.

"가당치도 않은 일이로다. 어찌 일개 기생첩이 상소를 올린다는 말인가?"

승정원에서는 초월이 상소를 올리자 대노했다.

"이것이 상소라면 전하께 올려야 하지 않소?"

"당치 않소. 기녀가 언제 상소를 올린 일이 있소? 이는 사대부를 능멸하는 일이오."

"대체 누구의 첩이 방자하게 상소를 올린 것이오?"

"전 승지 심희순의 첩이라고 하오."

초월의 상소대로라면 심희순은 승지를 지내고 예조참판과 대사간을 지낸 인물이다. 초월이 이런 상소문을 올린 것은 심희순이 정3품 당상관의 반열에 오르자 그의 첩인 초월에게 숙부인 첩지가 내려왔기 때문이었다. 이는 전례가 없는 일이라 초월이 숙부인 첩지를 사양하면서 상소를 올린 것이다.

"심희순은 승지를 지냈으니 기첩이 상소를 올렸다고 하여 처벌하는 것보다 상소를 돌려주는 것이 어떻겠소?"

"그렇소. 기녀가 분수도 모르고 상소를 올린 것이니 퇴척합시다."

승지들은 오랫동안 논의를 한 뒤에 초월의 상소문을 돌려보냈다. 불과 15세의 기첩 초월이 올린 상소는 이렇게 하여 헌종에게 올라가지 못하고 주인에게 되돌려졌다. 그러나 15세의 기첩이 상소문을 올렸다는 소문이 장안에 파다하게 퍼지고 이를 구해 읽으려는 사대부들로 인해 조선이 떠들썩해졌다.

첩이 되기를 소원한 어린 기생

그렇다면 과연 15세의 기생 초월은 누구인가? 관심이 쏠리지 않을 수 없다.

평양 용천 기생 초월 나이 열다섯, 병오년에 감히 상소를 올리나이다. 가선대부 승지 겸 예조참판 사간원 대사간 장흥능제조 신 심희순의 첩이요, 평양 용천 기생이 엎드려 아뢰나이다. 신의 운명이 기구하고 팔자가 궁박하여 신의 어머니 뱃속에 있은 지 일곱 달 만에 아버지를 여의고 태어난 지 한 달 만에 어머니를 잃었습니다.

병오년은 1846년이다. 초월의 상소문 서두에서 고백하고 있듯이 일반 백성의 딸이었다. 초월은 잉태된 지 일곱 달 만에 아버지를 여의고, 태어난 지 1년 만에 어머니가 죽는 불행을 당한다. 그녀는 부모의 사랑도 받지 못하고 외삼촌에게 거두어졌으나, 어린 나이에 기생으로 전락했다. 스스로 고백하고 있듯이 '누구나 꺾을 수 있는 길가의 버드나무요, 담 밑의 꽃'이었다.

기생 생활은 남자들의 노리개가 되는 것이다. 남자들을 위해 술을 따르고 웃음을 판다. 어린 나이였으나 그녀는 매일 같이 술에 절어 살았다. 그녀의 표현을 빌리면 가을 달이 밝을 때나, 봄바람이 불 때나, 꽃 피는 아침이나 가리지 않고 바람과 달을 벗 삼아 술을 마시고 노래를 부르면서 고달픈 삶을 살았다.

'어쩌면 나는 기생으로 일생을 마쳐야 하는 것일까?'

시름에 잠겨 있던 초월에게 그녀의 운명을 바꿀 일이 일어났다. 어린 기생 초월은 중국으로 가는 사신을 수행하고 돌아가는 길에 평양에 들른 서장관 심희순을 만나게 된다.

심희순은 우의정을 지낸 심상규의 손자다. 심상규는 17세에 진사가 되고 23세에 알성과에 급제하여 명성을 떨치고, 헌종이 즉위했을 때 원상으로 활약했다. 그는 어릴 때부터 뛰어난 자질을 보였는데, 그의 시문은 내용이 깊고 치밀하여 18세에 이미 타인의 입에 오르내렸다. 그의 문장은 간결하고 자연스러웠는데, 이는 아버지가 모은 수만 권의 장서를 어려서부터 즐겨 읽은 때문이라고 한다.

> 시에 능하고 서간을 잘하였으며, 장서가 많아서 세상에서 그에게 견줄 만한 사람이 없었다. 음성이 그 몸보다 커서 전상^{殿上}에 일을 아뢸 때마다 뭇 수레가 굴러가는 듯한 굉음^{轟音}이 울렸다.

실록의 심상규 줄기에 있는 기록이다. 집에 수만 권의 장서가 있으니 학문이 뛰어난 것은 당연한 일이었다. 그의 손자 심희순도 어릴 때부터 집안에 있는 장서를 읽으면서 자랐기 때문에 학문이 출중했다. 심희순은 할아버지 심상규의 영향으로 음관으로 현감을 지냈다. 과거도 보지 않고 현감에 제수되었으나 5개월 만에 과거에 급제하여 현감직에서 물러났다.

심희순은 25세에 문과 병과에 급제했다. 할아버지의 영향도 있었으나 젊은 나이에 서장관이 될 정도로 문장과 서체가 뛰어나 추사 김정희도 감탄했다는 일화가 전해진다.

그런 심희순이 서장관의 일을 마치고 돌아오다가 평양에서 어린 기생 초월을 만난 것이다. 초월이 상소에서 평양 용천 출생이라고 한 것은 용천에서 기생으로 있다가 재주와 인물이 뛰어나다고 하여 평양으로 뽑혀 올라왔기 때문이다.

평양은 옛날부터 색향으로 널리 알려진 평안도 관찰사의 감영으로, 수백 명의 기생들이 재주와 미색을 자랑하고 부가 넘쳤다. 평안도 관찰사는 사신들이 오갈 때마다 감영이나 연광정에서 환영연을 베풀었다. 청나라에 사신으로 다녀오던 심희순도 평양에 이르러 평안도 관찰사의 환영을 받았다. 잔치가 한창일 때 그는 한쪽 구석에 얌전하게 앉아 있는 어린 소녀를 발견했다. 뛰어난 미인은 아니었으나 눈이 초롱초롱하고 살빛이 희었다. 술을 따를 때 이야기를 시켜 보니 중국의 사서史書를 줄줄 외고 있었다.

'이제 겨우 방년에 이른 것 같은데 대단하구나.'

심희순은 초월에게 감탄하여 천침을 들겠느냐고 물었다.

"비록 천기라고 하오나 소녀는 어릴 때부터 일부종사하겠다고 결심하였습니다. 나리께서 소녀를 첩으로 맞이하신다면 몰라도 그렇지 않으면 불가합니다."

초월이 맑고 또렷한 목소리로 대답했다.

"기생이 당돌하지 않은가?"

평양감사향연도의 부벽루연회도
김홍도가 그린 연회 장면이다. 많은 기생들이 아름다운 춤과 음악을 선보이고 있다. 평양감사의 연회는 국가의 연회 못지않게 성대하고 화려했다.(국립중앙박물관 소장)

심희순은 눈살을 찌푸리면서 호통을 쳤다.

"관기로 매인 몸이라고 해도 저의 결심은 변하지 않습니다."

초월의 결심은 뜻밖에 완고했다.

"허허. 길가에 핀 꽃을 꺾기가 이리도 힘든 것인지 몰랐구나."

심희순은 초월을 어르고 달랬으나 그녀의 결심은 확고했다. 심희순은 초월이 거절할수록 더욱 안달이 났다. 마침내 그는 초월에게 첩으로 들이겠다고 약속을 한 뒤에야 운우지정을 나눌 수 있었다. 기생들은 대개 15세를 전후로 관장이나 사대부에게 순결을 바쳤다. 조혼

풍속이 있었다고 해도 어린 소녀들을 성을 향유하는 대상으로 삼은 것은 잔인한 일이라 할 수 있다. 초월과 같이 스스로 선택하여 동침한 경우는 매우 드문 일이었다.

🌸 사또에게 시중들랴 부인 행차 시종하랴

　　이십이 늦잖거든 십이 세에 성인하니

　　어디 당한 예절인지 짐승과 일반이라

이는 기생들의 문집인 소수록에 〈영명긔 명선이라〉는 제목으로 실려 있는데 해주 기생 명선이 어릴 때 부모와 사별하고 기생이 되어 불과 12세의 어린 나이에 첫 경험을 한 대목이다. 사실 조선의 기생들은 20세면 노기라고 하여 퇴물 취급을 당했는데, 이는 조선의 사대부들이 채 피어나지도 않은 어린 소녀들과 육욕을 나눈 것이니 지금의 관점으로 보면 조선의 사대부들 대부분이 아동 성추행범이라고도할 수 있을 것이다.

남편을 향한 신랄한 비판

초월은 15세에 심희순을 첫 남자로 맞아들이고 기첩이 되었다. 심희순은 다른 사대부들과 달리 초월에게 진정한 사랑을 준 것으로 추정된다. 기첩이 된 지 얼마 되지 않아 숙부인 첩지가 내려온 것을 보면 초월을 기생이 아니라 아내로 인정하고 아낀 것이 아닌가 하고 생각된다. 초월이 헌종으로부터 숙부인 직첩을 받았다면 정실이 된 것이다.

초월은 첩지를 받자 이를 사양하는 상소를 올리면서 시폐를 조목조목 비판한 것이다.

법전에 의하면 부인의 직첩은 사족의 딸이요, 조가의 본처여야 하옵니다. 저는 서울에서 먼 곳의 노는계집이었고 또 몸에는 나라에 공을 세운 일도 없습니다. 조선의 땅과 물이 모두 전하의 것이라 이 땅에서 살

꽃과 기생

한눈에도 앳되어 보이는 어린 기생이 꽃과 함께 앉아
있다. 고사리 같은 손과는 달리 표정에는 당찬 기운이
엿보인다.

고 있는 것만 해도 망극하온데 직첩까지 내려주시니 몸 둘 바를 모르
겠습니다. 전하께서 재삼 다시 생각하시어 직첩을 거두어 주시기 바랍
니다.

상소는 일단 직첩을 사양하는 것으로 시작하나 남편 심희순에 대
한 비판으로 계속된다. 이는 임금 앞에서 자신을 낮추는 겸손한 글쓰
기일 수도 있으나, 글의 뒤로 갈수록 남편 심희순을 깔아뭉개는 내용

으로 이어진다. 마치 정적을 제거하는 상소문처럼 남편에 대한 비판이 매섭다.

지아비 심희순은 재상의 손자요, 사족의 아들로 사람됨이 미욱하여 가난한 선비를 업신여기고 남을 냉대할 뿐 아니라 옛글을 배우는 데 힘쓰지 않아 보리와 콩을 구분 못하는 숙맥이요, 고기 어^{魚}자와 노나라 노^{魯}자를 구분하지 못하는 위인이라 밥버러지나 다를 바 없습니다. 이 같은 위인이 마음 둔 곳은 높아 겨우 20여 세에 과거에 등과하고 백 일도 못 되어 대간과 옥당에 올라 천은을 입고 있으나 부모의 길러준 은혜는 생각하지 않고 축첩을 일삼아 집안에 음률이 그치지 않고 낭자하게 술자리를 벌이고 있으니 한심한 지경입니다.

초월이 어찌하여 심희순에게 이토록 혹독한 비판을 한 것일까. 심희순은 명문거족 출신의 귀공자다. 학문이 뛰어났으나 풍류객으로 명성을 떨치고 있었다. 권력과 부를 한 손에 가지고 있으니 첩을 들이고 기생집에 출입한다.

초월은 자신을 두고도 기방 출입을 하는 심희순이 고까웠던 것일까. 심희순을 마치 오입질이나 일삼는 한량으로 몰아가고 있다. 그러나 심희순에 대한 초월의 비판은 오해이고 음해다. 심희순은 문장이 뛰어난 사람만 선발되는 중국 사신의 서장관까지 역임했다. 그런 심희순에게 보리와 콩을 구분하지 못하고 어자와 노자를 분별하지 못하는 밥버러지라고 한 것은 자신을 낮추기 위한 것이라도 지나치다.

엎드려 청하옵건대 지아비의 죄를 용서하신다고 하더라도 삭탈관직하여 전리농토로 내쳐 십 년 한정으로 두문불출케 하여 부지런히 성현의 글을 읽어 스스로 몸을 닦게 하는 것이 신의 평생소원이옵니다.

초월은 심희순을 시골로 내쫓아 공부에 전념하게 해달라고 청한다. 이는 실제로 공부보다 방탕한 생활을 못하게 하자는 속셈일 수 있다.

임금을 꾸짖은 기생

초월은 자신의 남편인 심희순을 신랄하게 깎아 내린 뒤에 조정의 시폐를 지적하기 시작했다. 그녀는 조정의 기강이 해이해진 것을 개탄하고 부정부패가 만연한 것을 맹렬하게 비난했다. 윗물을 휘저으면 아랫물이 더러워진다면서 현재의 조정이 걸왕과 주왕이 다스릴 때와 흡사하다고 말했다. 걸주와 같다는 말은 헌종에 대한 비난이다. 절대 권력을 가지고 있던 군주에 대한 비난은 목숨을 걸어야 한다. 초월은 죽음을 두려워하지 않고 당당하게 임금에게 요구하고 있는 것이다.

초월이 조정을 보는 눈은 상상을 불허할 정도로 광범위하고 매섭다. 매관매직이 성행하여 관찰사는 5, 6만 냥, 고을 수령은 6, 7천 냥을 주어야 살 수 있다면서, 그들은 석 달 만에 교체가 이루어지기 때문에 석 달 안에 본전을 뽑으려고 백성들을 수탈한다고 말했다.

초월은 이에 그치지 않고 환곡, 군포, 송사, 암행어사, 책실까지 마치 대학자가 조선시대를 들여다보고 통사를 쓰듯이 비난을 멈추지 않았다.

흉년이 들면 주리고 목마른 것이 뼈에 사무쳐 얼굴이 퉁퉁 붓고 가죽이 누렇게 들떠 염치불구하고 문전걸식을 해도 제대로 얻어먹을 수가 없어서 길에는 굶어 죽은 주검이 엎어져 있고 들과 구렁에는 송장이 널려 있는 것은 신이 경자년(1840)에 직접 본 것이옵니다.

이는 초월이 아홉 살 때 겪은 일이었다. 황해도와 평안도에서는 흉년이 들어 수많은 사람들이 굶어 죽었다. 조정에서는 영남의 곡식을 배로 운반하여 백성들을 구제했으나 양곡이 백성들에게 돌아가는 일은 그리 많지 않았다.

문자를 겨우 통하면서 외람되이 대역무도한 말을 지껄이고 있는 신의 죄는 죽어도 모자라고 목을 베어도 아깝지 않습니다. 엎드려 청하오니 신의 죄를 결단하여 네 수레에 팔나귀를 내어 거열형에 처한 뒤에 종로 큰길에서 조리 돌려 만 사람이 한 마디로 죽여 마땅하다는 소리를 하지 않는 사람이 없게 한 뒤에 서소문 밖에서 능지처참하여 만 사람의 칼머리 아래 놀란 혼이 돌아보지 않게 하옵소서.

초월의 상소가 헌종에게 올라갔다면 어찌되었을까. 초월은 상소문에 적힌 대로 처형을 당했을 것이고 심희순 일가는 멸문을 당했을 것이다. 다른 부분은 접어두더라도 헌종을 중국 역사상 가장 악독한 폭

군인 걸주라고 비난한 것은 도저히 용서할 수 없는 부분이다. 심희순에게도 낯 뜨거운 일이 아닐 수 없다. 기첩이 상소를 올린 것도 수치스러운 일인데, 보리와 콩도 구분 못하는 숙맥이라고 음해를 했으니 말이다.

심희순은 1846년, 서장관이 되었고 초계문신이 되었으나 상소처럼 예조참판과 대사간을 역임한 기록은 없다. 심희순은 이보다 훨씬 뒤인 철종 때에 와서야 참판보다 하나 아래 직급인 이조참의를 두 번 역임한다.

초월의 상소는 헌종시대의 모든 병폐를 조목조목 지적하고 비판하고 있어서 오히려 후대에 창작된 문학작품처럼 여겨진다. 그러나 초월의 상소문은 여전히 존재하고 있다. 그러므로 사대부들이 천기라고 멸시하던 어린 기생 초월은 당당하게 임금을 꾸짖던 서슬 퍼런 여인으로 역사에 기록될 것이다.

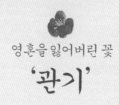

영혼을 잃어버린 꽃

'관기'

관기는 관청의 노예다. 황진이나 매창, 성산월 같은 기생들은 한 시대를 풍미했던 기생들이다. 그러나 대부분의 기생들은 이름도 없이 길가에 피었다가 스러지는 꽃처럼 사라졌다. 자신의 의지와 상관없이 피어났고 자신의 의지와 상관없이 묻혔다.

심수경은 중종 때 좌의정을 지낸 심정의 손자다. 심정은 조광조와 사림파를 제거하는 기묘사화를 일으켰기 때문에 많은 선비들의 비난을 받았다. 심수경은 조부의 잘못 때문에 항상 근신하며 살아야 했다. 그는 여러 차례 높은 벼슬을 지내다가 체직되어 성주 가야산을 유람했는데, 성주 목사 조희가 관기 막종에게 배수첩을 들게 했다.

손영숙은 문장을 평가하는 데 뛰어난 능력을 갖고 있는 인물로, 호남의 나주에 머물 때 관기 자운아를 사랑했다. 손영숙이 떠난 뒤에 전주 부윤 조치규趙穉圭가 나주에 와서 지운아를 천침기薦枕妓로 사랑했다. 막종이나 자운아는 자신의 의사와 전혀 상관없이 사대부들의 수청을 들어야 했다.

관기들의 이러한 비애는 공주 관기의 일화에서 더욱 여실하게 드러나고 있다. 신보상이 공주 통판으로 있을 때 한양에서 손님이 찾아왔다. 신보상이 손님을 접대하고 밤에 한 기생을 불러 천침을 들라는 영을 내렸다. 그러나 기생은 밤중에 달아나 선비는 혼자서 밤을 새워야 했다. 아침이 되자 선비가 관청에 매인 기생이 어찌 명을 어기고 사사로이 남편에게 달아나버리느냐고 항의했다. 그러자 신보상이 기생을 불러 엄중하게 질책했다.

죽을죄를 지었습니다. 공주는 한양에서 오르내리는 길목에 있어서 손님이 끊이지 않습니다. 상방과 하방을 출입하는 수청 기생들을 빼놓고 나면 나머지 몇 명 되지 않는 저희들이 오가는 손님을 모시고 있습니다. 그래서 한 달에 집에 가는 날이 2, 3일밖에 안 됩니다. 우리들이 모시는 손님들은 집을 떠난 지 오래된 손님들이라 밤새 잠을 못 자게 하고 괴롭히면서 가지고 놀고, 날마다 멋대로 종음縱淫(음란한 짓을 실컷 함)하니 저희들은 짐승 같아서 아무런 감흥이 일어나지 않습니다. 그래서 도망하여 하룻밤 쉬려고 한 것뿐이지 결코 사사로이 남편에게 가려고 한 것이 아닙니다.

기생이 울면서 아뢰었다. 공주의 관기들은 하루도 거르지 않고 오가는 선비들의 수청을 들어야 했으니 인간 이하의 삶을 살았던 것이다. 신보상은 기생의 말을 듣고 착잡한 표정으로 기생에게 죄를 물을 수 없겠다고 말했다. 손님도 얼굴이 붉어지면서 아무 말도 못했다고 한다.

공주 관기의 이야기에서 관기들이 처한 상황이 얼마나 열악했는지 알 수 있다. 관기들은 영혼을 잃어버린 채 오로지 남자들의 성적 노리개가 되었던 것이다.

임금도 나를
소유하지 못한다

보천 기생 가희아

가희아는 궁중의 연회에 참석하는 상기[上妓]였다. 그녀는 미색이 뛰어나고 노래와 춤을 잘 춰 왕과 대신들의 사랑을 받았다.

상기는 기생들 중에 가장 뛰어난 자들이다. 궁중 연회에 참여하니 미모도 빼어나고 가무도 출중해야 한다. 그들은 궁중에 소속되어 연회가 벌어질 때마다 정재(공연하는 일)를 해야 했고, 평소에는 노래와 춤을 연습하면서 대궐 밖에서 지냈다. 지금으로 말하면 연예인이나 다를 바 없었다.

정재무 복장을 한 기생
연회가 벌어질 때마다 불려 나가 춤과
노래를 선보인 기생들은 연예인 못지
않은 인기를 누렸다.

상기는 미모와 가무가 궁중 으뜸이니 선녀처럼 아름다웠다. 그러
니 권력자들이 이런 아름다운 여인들을 그냥 둘 리 없었다. 그들은
상기들을 돈과 패물로 유혹하여 정을 통하고 첩으로 삼았다. 가희아
도 벌나비처럼 달려드는 사내들을 거절하지 못하고 정을 통했다. 어
린 나이에 많은 남자들의 노리개 노릇을 하던 가희아는 쓸쓸했다.

'나는 노류장화다. 뭇 남자 품을 전전하며 사니 수치스러운 일이
아닌가. 그들은 나를 노리개로 취급한다. 내가 왜 사내들의 노리개 노
릇을 해야 하는가?'

이미 명성을 떨치고 있었으나 가희아는 좀 더 많은 것을 원했다.

'어차피 이런 신세로 태어났는데 한 사람의 첩 노릇만 할 필요가 없다. 자유롭게 사는 것도 중요하지 않은가. 나는 나일뿐, 어느 누구도 나를 소유할 수 없다.'

가희아는 금군 총제惣制 김우와 정을 통하고 있었으나 만족할 수가 없었다. 이 남자 저 남자 품을 전전하면서 숱한 염문을 뿌리다가 대호군大護軍 황상의 첩이 되었다.

황상은 개국공신의 후손으로 무과에 급제하여 벼슬길에 나섰고, 세종 때 병조판서에 오르고 이종무의 대마도 정벌 때 중군장을 맡은 무신이었다. 그러나 금주령을 어기고 술을 마시다가 탄핵을 받기도 하고 기생을 만나느라고 왕의 가마를 호위하지 않아 문제를 일으키기도 하는 등 술과 여자 문제로 자주 탄핵을 받았다.

김우는 태종 이방원이 사저에 있을 때부터 호위무사로 총애를 받아 대장군으로 승진했다. 제2차 왕자의 난이 일어났을 때는 이방원의 편에 서서 공을 세워 공신에 책록되고 희천군에 책봉되었다. 이어 좌군총제, 좌군도총제, 우군도총제와 병조판서를 역임했다. 김우는 태종의 측근이기 때문에 나는 새도 떨어트리는 권력가였다. 그 권력을 휘둘러 가희아와 정을 통했다. 그러나 가희아가 황상에게 날아가자 애간장이 타들어갔다.

"네 어찌 나를 배신하고 황상의 첩이 되었느냐?"

김우는 가희아의 마음을 돌리기 위해 패물과 비단으로 선물 공세를 펼치기도 하고 애원을 하기도 했다.

"첩은 기생입니다. 기생에게 주인이 있다는 말은 들어본 일이 없습니다. 길가에 피고 담 밑에서 자라는 꽃이라 누구나 꺾는데 그게 무슨 말씀입니까?"

가희아는 김우를 비웃었다. 말이 통하지 않자 김우는 종들을 동원하여 완력으로 가희아를 가두었다. 그러나 다음 날 아침이 되면 가희아는 어김없이 달아나 버렸다.

'너희들이 나를 소유하는 것이 아니라 내가 너희들을 치마폭에 휘어 감고 희롱하는 것이다.'

가희아는 권력자들을 마음껏 조롱했다. 애가 타는 김우는 아랑곳하지 않고 가희아는 궁중 연회에 참석하여 태종 이방원의 시선까지 사로잡았다. 하루는 국왕연군신연國王宴群臣宴(국왕이 군신들과 더불어 잔치를 즐기는 일)이 경회루에서 열렸다.

가희아는 포구락 정재를 잘 추었다. 포구락은 여기女妓들이 주악에 맞춰 노래를 부르고 춤을 추면서 공을 포구문으로 빠지게 던지는 유희다. 죽간자(공을 막는 사람)가 나와 마주 서고, 여기 하나는 꽃을 들고 포구문의 동편에 서고, 또 하나는 붓을 들고 서편에 선다. 열두 사람이 여섯 대隊에 나뉘어 제1대 두 사람이 공을 가지고 주악에 맞추어 사詞를 부르며 춤을 추다가 위로 던지어 구멍으로 나가게 한다. 제1대가 춤추며 물러서면 차례로 제2대, 제3대가 춘다. 공을 구멍으로 넘기면 상으로 꽃 한 가지를 주고, 못하면 벌로 얼굴에 먹점을 찍는다.

가희아는 죽간자가 되어 여기들이 던지는 공을 춤을 추듯이 날면서 막기도 하고 절묘하게 치마 속으로 빠지게도 하여 임금과 대신들의 탄성을 자아냈다.

공이 그녀의 어깨에서 허리로, 허리에서 발로 떨어지는가 하면 다시 어깨 위로 날아오르고, 봉긋한 가슴에 떨어지는가 하면 치마 속

♥ 포구락 정재와 포구문

포구락은 춤 대열이 편을 나누어 공을 던져 구멍에 넣으며 즐기는 일종의 놀이춤이다. 여기
나 무동이 편을 갈라 노래하고 춤추며 차례로 공을 던지는데, 구멍에 넣으면 상으로 꽃을 주
고, 못 넣으면 벌로 얼굴에 먹점을 찍어준다.

으로 빨려 들어갔다가 튀어나오는 등 임금과 대신들의 눈을 즐겁게
했다.

"가희아가 참으로 잘한다. 가관이다."

태종 이방원은 가희아가 포구락정재를 할 때마다 무릎을 치면서
즐거워했다. '가관이다'는 볼만하다는 뜻으로 조선시대에 사용한 최
고의 찬사다. 명성황후 민씨도 궁중에서 내연을 벌일 때 무희들이 춤
을 잘 추면 '가관이다!' '가관이다!' 하고 무릎을 쳤다고 황현이 ≪매
천야록≫에 기록하고 있다.

가희아는 5척(尺 150cm)밖에 되지 않는 단신에 얼굴이 앳되어 인형

처럼 예뻤다. 그녀는 부러 실수를 하여 용알(공)이 포구문으로 빠져 들어가게 하여 임금이나 대신들이 자신의 얼굴에 먹점을 찍게 했다. 먹점을 찍게 하기 위해 가희아의 얼굴이 대신들 앞으로 바짝 다가온다. 분단장을 한 얼굴에 추수처럼 서늘한 눈이 가까이 이르면 철석같은 사내도 가슴이 띈다. 게다가 아련하게 코를 찌르는 분 냄새와 가쁜 숨소리는 중년이 넘은 대신들을 황홀하게 했다. 태종 이방원도 가희아의 얼굴에 먹점을 찍으면서 그녀의 치명적인 매력에 빨려 들어갔다.

한 여자를 둘러싼 패싸움

하루는 가희아가 국왕견장신연國王遣將臣宴(왕이 무신들을 위로하는 잔치)에서 아박 정재를 하고 집으로 돌아가는데, 김우가 금군 30명과 종들을 거느리고 납치하려고 했다. 가희아는 깜짝 놀라 말을 타고 빠르게 달아났다.

"계집이 달아난다. 끝까지 쫓아가서 가희아를 잡아 와라."

김우가 영을 내리자 금군들이 황상의 집에 쳐들어가 샅샅이 뒤졌으나 찾지 못했다. 김우가 보낸 금군은 허탕을 치고 돌아갔다. 황상은 김우가 가희아를 납치하려고 했다는 말을 듣고 펄쩍 뛰었다.

"김우라는 놈이 또 길목을 지키고 있을 것이다. 내가 본때를 보여 주리라."

대호군 황상은 가희아를 말에 태우고 종들을 시켜 호위하게 했다.

가희아가 대궐에서 정재를 마치고 돌아오는데 과연 김우가 금군들과 함께 종들을 동원하여 기다리고 있었다.

"가희아를 빼앗아 와라."

김우의 금군이 소리를 지르며 가희아를 에워쌌다.

"빨리 장군께 알리라."

가희아가 종들에게 다급하게 소리를 질렀다.

"서둘러서 가희아를 끌고 가라. 서둘러라!"

가희아의 종이 달아나는 것을 본 김우가 금군을 다그쳤다. 금군은 반항하는 가희아를 강제로 끌고 가느라고 한바탕 소동을 벌였다.

"이놈들아, 백주 대낮에 감히 사람을 납치하려고 하느냐? 내 그럴 줄 알고 미리 준비를 하고 있었다."

그때 황상이 벽력을 치듯이 고함을 지르면서 군사들을 거느리고 달려와 몽둥이를 휘둘렀다. 상기 하나로 인해 한양 장안에서 패싸움이 크게 일어났다. 구경꾼들이 구름같이 몰려들어 구경을 하는 가운데 고함과 비명소리가 난무했다. 양측이 치열하게 싸움을 벌여 저자가 아수라장이 되었다.

황상은 명색이 대호군이니 일개 군사들과 종들이 당할 수가 없었다. 저자가 발칵 뒤집힐 정도의 난투극이었으나 결국 김우의 군사와 종들은 황상에게 패해 달아났다. 이 과정에서 황상의 은대(종육품에서 정삼품까지의 문무관이 허리에 두르던 띠)가 떨어졌다.

사건이 이쯤 되니 이 일은 태종 이방원의 귀에까지 들어갔다. 태종 이방원은 가희아 때문에 장군들이 패싸움을 벌였다는 보고를 받고 혀를 찼다.

"내연에 정재하는 상기를 간혹 제 집에 숨겨 두고 제 첩이라고 하면서 궁중 연회에도 보내지 않는 일이 있다. 내가 일찍이 얼굴을 아는 기생도 내연에 나오지 않는 자가 있어 정재에 궐원이 생겼다. 그것은 족히 말할 것이 없지마는, 제 집에 숨겨 두고 '제 첩이라'고까지 하는 것은 어떻다 하겠는가! 너는 마땅히 거론하여 탄핵해 아뢰라."

태종이 사헌부 지평 김경에게 영을 내렸다. 그러자 대간들이 궁중 연회에 가무를 하는 기녀들을 첩으로 삼은 대신들을 일제히 탄핵하기 시작했다.

이 일은 예상 외로 커져서 조정을 크게 뒤흔들었다. 조정 대신들 중에 상기를 첩으로 삼지 않은 자가 없을 정도여서 그들을 모두 파직하면 조정이 마비될 위험이 있었다. 사건이 확대되자 태종이 장령掌令 탁신을 불러 영을 내렸다.

"이제 들으니, 상기의 연고로 말미암아 탄핵을 당한 자가 많다고 하는데, 전날 내가 말한 것은 여러 해 동안 제 집에 숨겨 두고 외출하지 못하게 하는 자를 가리킨 것이고, 조정 대신들이 상기를 첩으로 삼지 못한다고 말한 것이 아니다. 하구와 김우는 이미 출사하게 하였으니, 너는 그리 알라!"

태종은 사건을 축소하라는 지시를 내리면서 김우를 사면했다.

"김우의 죄는 하구와 같지 않습니다. 대낮에 큰길 가운데서 금군을 보내어 사사로이 싸움을 시켰으니 이 버릇을 바로 잡지 않으면 후일에 난을 꾸미는 데 이용할 수 있습니다."

탁신이 아뢰었다.

"김우는 공신이니 치죄할 수 없고, 꾀어서 나쁜 짓을 하도록 이끈 자를 핵실(일의 실상을 조사함)하여 아뢰라!"

태종은 탁신의 말에 귀를 기울이지 않았다.

"지난 11월 12일 밤에 김우가 자기 휘하의 갑사 가운데 기병과 보병 삼십여 명을 보내어 황상의 집을 포위하고, 갑사 나원경, 고효성 등이 곧장 황상의 내실에 들어가 기첩 가희아를 찾았으나 잡지 못하니, 그 의장衣裝을 취하여 갔습니다. 이튿날 김우가 다시 구종과 조례를 보내어 가희아를 빼앗아 오게 하여, 수진방壽進坊 동네 앞에 이르니, 황상이 듣고 말을 달려 장杖을 가지고 추격하여 가희아를 뒤쫓았습니다. 이리하여 김우가 즉시 주번갑사晝番甲士 양춘무, 고효성, 박동수 등 십여 명과 사반(사병) 20여 명을 발하여, 장杖을 가지고 황상과 더불어 서로 싸웠는데, 양춘무가 황상을 쳐서 은대가 깨어져 떨어졌습니다.

신 등은 생각건대, 군정軍政은 엄한 것을 주장으로 삼아 각각 그 분수를 지킨 뒤에야 상하가 서로 편안하고, 계급 사이에 서로 능멸하거나 범하지 아니하여, 위에서는 능히 명령을 내고 아래에서는 잘 복종하게 되어, 그칠 줄 모르는 근심이 영원히 없어질 것입니다.

김우는 미천한 집안에서 출신하여 별로 재주와 덕이 없는데, 후하게 주상의 은혜를 입어서 벼슬이 총제에 이르렀으니, 날로 더욱 근신하여 주상의 은혜를 갚기를 도모하는 것이 그 직분일 터인데, 의리를 돌보지 않고 불법한 짓을 자행하여 마음대로 금군을 발하여 남의 첩을 빼앗았으니, 이것이 큰 난亂의 근원입니다. 양춘무 등은 금군이 된 몸으로 도리어 김우의 사사로운 원한에서 나온 명령을 따라, 밤에 황상의 집을 포위하였고, 또 길거리에서 서로 더불어 격투하여 그 은대를 쳐서 떨어뜨렸으니 실로 부당합니다."

탁신이 다시 아뢰었다.

"황상은 파직시키고, 양춘무 등 네 사람은 각각 본향本鄕의 수군水軍에 편입하고, 가희아는 장杖 80대에 처하되 속전을 바치게 하고, 김우는 공신이니 거론하지 말라."

가희아는 죄도 없이 장 80대의 형벌에 처해지지만 곤장을 때리는 대신 돈을 받으라는 뜻이다. 탁신이 반발했으나 결국 태종의 뜻대로 되고 말았다. 이 과정에서 김우는 사면을 받고 황상이 억울하게 파직되었는데, 이는 태종 이방원이 가희아에게 관심을 갖고 있었기 때문이다.

기생의 몸으로 후궁이 되다

가희아를 둘러싸고 난투극이 벌어진 것은 1407년(태종 7)의 일이었다. 가희아의 이름은 5년 후에 실록에 다시 등장한다.

명하여 창기로서 나이 15, 6세가 된 자 6인을 뽑아 명빈전(태종의 후궁 명빈 김씨) 시녀로 충당하였다. 창기 삼월, 가희아, 옥동선 등에게 금琴과 슬瑟과 가무를 배우도록 하고, 삼월 등에게 각기 쌀 3석씩을 내려 주었다.

1412년(태종 12)의 일이다. 김우와 황상이 다투던 때로부터 5년이 지나 가희아가 20세였으니 같은 인물이라고 할 수는 없다. 그러나 사관이 사초를 바탕으로 실록을 쓰면서 왕과 신하가 같은 기생과 동침했다는 기록을 쓰지 않기 위해 날짜를 바꾼 것으로 보인다. 사관들이 동명이인을 실록에 기록하면서 그 사실을 밝히지 않을 수는 없다.

> 한성부의 의막(임시로 거처하게 된 곳)을 기생 가희아에게 내려 주었으니, 그 청을 따른 것이었다.

다시 1년 후인 1413년의 기록으로 가희아는 태종의 총애를 받았고, 의막을 하사받는다. 의막이 필요했던 것은 공연을 하기 위해서다. 가희아는 태종을 사로잡아 의막을 달라고 할 정도로 밀접한 사이가 된 것이다.

> 홍씨를 혜선옹주惠善翁主로 삼았으니, 보천甫川의 기생 가희아였는데, 처음에 가무를 잘 하였기 때문에 총애를 얻었었다.

1414년(태종 14) 1월 13일의 기록으로 가희아는 마침내 태종의 후궁까지 되었다. 태종은 두 번의 '왕자의 난'을 일으켜 형제를 죽이고 아버지를 축출한 무서운 임금으로, 다양한 여성 편력을 갖고 있었다. 이로 인해 원경 왕후 민씨와 등을 졌는데, 투기를 한 민씨는 궁궐 한쪽의 전각에 유폐되기까지 했다. 태종은 민씨의 여종을 친압하여 후궁으로 삼았고, 기생 가희아까지 첩으로 두어 민씨의 원성을 샀다.

　태종시대 뛰어난 정재 실력으로 뭇 남성들을 사로잡았던 가희아는
가장 천한 신분에서 고귀한 신분인 옹주에까지 이르렀던 것이다.

나라를 병들게 한
'기생문화'

조선에서 기생은 예술을 담당하는 꽃과 같았다. 그러나 기생 문화가 지나치게 퇴폐적으로 바뀌면서 예술은 퇴보하고 취태醉態가 남았다.

가무와 금기서화를 익힌 조선의 기생들은 예술가로 평가를 받고 있으나 그들이 남긴 가요와 춤은 대부분 실전되었다. 국악과 한국무용이 조선시대 가무를 어느 정도 보여주고 있으나 전체는 아니다. 특히 대궐에서 공연되던 많은 정재들의 원형을 찾아볼 수 없다. 대궐의 연회는 일정한 형식이 있는데 임금과 신하들이 술을 마시는 잔치는 대개 다음과 같은 형식으로 이루어진다.

왕이 전殿에 나와 앉으면 하성조조(성스러운 종묘사직을 찬양하는 연주)를 연주한다. 조俎를 올리면 태평년(태평성대를 기원하는 연주)을 연주한다. 꽃을 올리면 행위를 노래하되, 금강성조金剛城調를 사용한다.
첫번째 탕湯을 올리면 관저關雎를 노래하고, 첫째 잔盞을 올리면 수보록 정재(스물 네 사람의 여기가 주악奏樂과 박拍의 소리를 맞추어 배열을 바꾸면서 절차를 따라 구호, 치어致語, 창사唱詞를 부르며 족도足蹈하고 추는 춤)를 한다.
두 번째 탕湯을 올리면 인지麟趾를 노래하고, 둘째 잔을 올리면 몽금척

정재(태조 이성계의 업적을 찬양하는 춤)를 한다.

세 번째 탕^湯을 올리면 갈담^{葛覃}을 노래하되 자하동조^{紫霞洞調}를 사용하고 세째 잔을 올리면 오양선정재(왕조의 상서로운 기운을 찬양하는 춤)를 한다.

네 번째 탕^湯과 네째 잔을 올리면 포구락 정재(공을 가지고 추는 춤)를 한다.

다섯 번째 탕^湯을 올리면 신공^{臣工}을 노래하고 다섯째 잔을 올리면 무고 정재(북춤)를 한다.

여섯 번째 탕^湯을 올리고, 여섯째 잔을 올리면 문덕곡^{文德曲}을 노래한다.

일곱 번째 탕^湯을 올리고, 일곱째 잔을 올리면 남산유대^{南山有臺}를 노래한다.

기생들은 위와 같은 정재를 공연하는 예술가다. 대궐에 바치는 정재는 특히나 중요했기 때문에 나라에서 가장 뛰어난 기생들이 공연을 했다. 기생들에게는 빼어난 미모도 중요했지만, 사대부들과 입담을 나눌 수 있는 학문 수양과 공연을 할 수 있는 가무 능력이 있어야 했다.

황진이의 노래는 얼마나 아름다운지 간들간들 끊어질 듯 끊어지지 않았다고 한다. 석개는 가객으로 명성이 높았다. 그녀는 일반적인 기생들과 달리 중종의 부마도위 송인의 허드렛일을 하는 여종에 지나지 않았다. 그러나 어릴 때부터 노래를 좋아하여 이를 알아본 송인은 석개에게 음악 선생을 붙여 노래를 가르쳤다. 석개는 순식간에 노래를 배워 장안 제일의 가객이 되었다.

율곡, 성혼 및 우리 선인(정철)이 함께 진사 이희삼의 집에 모였을 때, 주인집에서 술자리를 마련하였는데, 석개가 당시의 이름난 기생으로 자리에 참석하였다.

송강 정철의 후손 정홍명이 남긴 ≪기옹만필畸翁漫筆≫에 있는 기록 이다. 기생들의 잔치는 대궐에서 열리는 잔치가 가장 성대하지만 관찰사가 있는 감영의 연회도 화려하고 성대하게 펼쳐졌다. 김홍도의 〈평안감사향연도〉를 보면 선비들과 악공과 기생까지 수백 명이 잔치를 벌인다. 그러나 우리의 관심은 민간의 잔치에 있다. 성종 때의 문신 성현에 의하면 세 사람만 모여도 반드시 기악을 사용한다고 하여 날로 퇴폐적으로 변하는 기생문화를 엿볼 수 있다.

근래에는 잔치가 모두 사치스럽다. 밀과蜜果는 모두 짐승의 모양으로 만들어 사용하고, 이미 찬상을 마련하고도 또 찬반饌盤을 마련하니 좋은 안주와 맛있는 음식이 없는 것이 없고, 탕이나 구운 고기는 모두 쌓여서 한 가지가 아니다. 술이 끝나기도 전에 번거롭고 조급한 관현管絃을 뒤섞어 날랜 장고와 빠른 춤을 추되 쉴 줄 모른다. 더러는 사회射會를 빙자하고, 더러는 영송迎送을 빙자하는데, 장막帳幕이 성문 밖에까지 이어지기도 하며 종일토록 직사職事를 안 보고, 또 저택에 세 사람만 모여도 반드시 기악妓樂을 쓴다. 여러 관청의 동복을 남에게서 빌려와 음식을 장만하게 하는데, 조금이라도 맞지 않으면 반드시 매질을 하니 동복이 날로 빈곤해진다. 창기娼妓에게도 연폐宴幣를 주지 아니하고 아침저녁으로 뛰어 다니게 하여 의복이 해지며, 글을 갖고자 청하는 자들이 많이 모여들어 영관(伶官)이 음악을 제대로 연주할 수 없게까지 되었다.

퇴폐적인 기생문화는 조선을 병들게 만들었다. 성현은 ≪용재총화≫ 1권에서 이와 같은 문화를 신랄하게 비난하고 있는 것이다.

제2부

夏는 사랑이다

운명을 걸고 뜨겁게
사랑할 줄 알았던 여인들

젖가슴 하나를 베어 미망에서 벗어나게 해주소서

단양 기생 두향

아들 준이 밖으로 나가면서 문을 열어놓은 탓인가. 눈가루가 섞인 냉기가 방으로 스며들어오자 이황은 슬며시 눈을 떴다. 먼 산자락으로 잿빛의 하늘이 낮게 내려앉고 부옇게 흐린 하늘에서 하얀 눈송이들이 날리고 있다. 뜰의 백매와 홍매는 붉은 봉오리만 맺힌 채 단아한 자태로 서 있다.

'날씨가 따뜻하여 비가 오려나 했더니 눈발이 날리는구나.'

퇴계 이황은 흐릿한 눈으로 허공을 더듬었다. 냉기가 뼛속으로 스며들고 있었으나 눈발 속의 백매와 홍매를 보자 추위가 느껴지지 않았다. 매화를 볼 때마다 가슴이 와르르 무너지는 듯한 느낌과 함께 한 여인의 음전한 얼굴이 아릿하게 떠오른다.

이황은 그 여인이 머릿속에 떠오를 때마다 명치끝을 지그시 누른다. 겨울답지 않게 날이 따뜻하여 매화가 피려니 했는데 눈발이 날리고 있었다. 이황은 간신히 몸을 일으켜 마당을 내다본다. 행여나 얼어 죽을까 봐 방 안에 들여놓았던 매화 두 분盆을 오늘 아침에 다시 내놓았는데 눈발이 날리고 있었다.

매화가 소담스럽게 피면 그 여인이 오려는가. 이제 기억조차 희미한 여인을 아득히 떠올리며 생각에 잠기는데 준이 급촉한 걸음으로 다가와서 매화분을 들어 옮기려고 했다.

"얘야."

이황이 가래 끓는 목소리로 아들을 불렀다. 아들 준도 어느덧 불혹을 지나 오순이 가까워지고 있다.

"예, 아버님."

준이 매화분을 들려다가 말고 이황을 돌아보았다.

"매화를 옮기려고 하느냐?"

"예. 눈이 오면 날씨가 추워질 테니 매화가 얼어 죽을 것 같습니다. 아버님이 아끼시는 매화니 혹여 그릇되면 아니 되지 않습니까?"

"그냥 두어라."

"예?"

"매화는 눈 속에서 피는 꽃이다. 그래서 설중매라고 하지 않느냐? 들어와서 문방사우나 준비하여라."

이황의 말에 준은 매화분을 뜰에 두고 방으로 들어왔다. 임금께 상소를 올리시려는 것이구나 하면서 서안을 펼쳤다. 종이와 붓을 준비하고 먹을 가는데 이황은 가만히 일어나 앉아서 매화분만 바라보고 있다.

'아버님께서 두향을 생각하시는구나.'

준은 넋을 잃고 허공을 더듬는 이황의 모습에서 단양의 관기 두향을 떠올렸다. 두향은 이황이 단양 군수로 부임했을 때 만난 기생이었다. 두 사람의 일은 자세히 알 수 없었으나 단양을 떠난 이후 다시는 만나지 못했다. 그러나 두향은 이황을 잊지 못해 수절을 하고 있다고 한다. 이황은 그런 사실을 번연히 알면서도 두향을 받아들이지 않았고, 다만 두향이 선물했다는 매화분만 애지중지하면서 일백여 편의 애틋한 매화시를 지었다.

'두향에 대한 그리움을 매화로 달래고 계시는구나.'

이황은 영남학맥의 종사로 세상이 떠받들고 있었다. 조정에서 임금의 총애를 받고 있는 서애 유성룡을 비롯하여 임진년에 순국한 학봉 김성일까지 이황의 제자다. 그러자니 마음을 준 기생이 있다고 해도 선뜻 첩실로 들여앉지 못한 것이리라.

준은 아버지 이황의 얼굴을 더듬으며 그들의 슬픈 사랑이 가슴을 적셔오는 것을 느꼈다.

이황은 준이 보고 있는 사이에 빠르게 붓을 놀렸다.

🌸 홀로 창 앞에 기대앉으니 밤기운이 차갑고　　　　　獨倚山窓夜色寒
매화나무 가지 끝에 둥근 보름달이 떠오르네　　　　梅梢月上正團團

굳이 부르지 않아도 미풍이 불어와	不須更喚微風至
맑고 깨끗한 향기 절로 뜰에 가득하네	自有淸香滿院間

이황이 붓을 놓았다. 준은 가슴이 먹먹해져 오는 기분이었다. 이황
은 죽음에 임박해서도 여전히 매화에 대한 시를 읊고 있었다.

"아버님, 누우시겠습니까?"

붓을 놓고 지그시 눈을 감고 있는 이황에게 물었다.

"사랑채에 손님들이 계시느냐?"

이황이 눈을 뜨고 준을 바라보았다.

"예."

유림의 종사인 이황이 앓아눕자 영남과 경기 일대에서 수많은 제
자들이 찾아왔다. 아버님이 번거로운 것을 싫어하시니 손님을 받을
수 없다고 해도 제자들은 행여나 임종 전에 스승의 얼굴을 볼 수 있을
까 하여 찾아온 것이다. 그러나 이황은 그들을 만나지 않고 있다. 몸이
마른 풀처럼 쇠약하여 바스라질 것 같았으나 정신만은 또렷했다.

"내 유언을 잊지 마라."

이황은 아들 준에게 며칠 전에 남긴 유언을 다시 상기시키고 눈을
감았다. 이황의 유언은 장례를 간소하게 치르라는 것과 매화에 물을
주라는 것뿐이었다.

"내 전생은 밝은 달이었지. 몇 생애나 닦아야 매화가 될까……."

이황이 혼잣말로 중얼거렸다.

"편히 누우십시오, 아버님."

"매화에 물을 주는 것을 잊지 마라."

🍃 **안동에 있는 도산서원**

낙동강 기슭에 아늑하게 자리 잡은 퇴계 이황의 도산서원에는 곳곳에 매화나무가 심어져 있다. 퇴계 이황과 단양 기생 두향의 안타까운 사랑이 깃든 매화는 해마다 봄이 오면 다시 핀다.

"예."

이황은 준의 부축을 받고 자리에 누웠다.

시를 쓰느라고 무리한 탓인가. 다시 의식이 캄캄하게 어두워져 온다. 가뭇하게 어머니의 얼굴이 떠오르고 먼저 세상을 하직한 첫 번째 부인 허씨와 두 번째 부인 권씨의 얼굴이 지붕 위의 박꽃처럼 하얗게 떠올라왔다. 그와 함께 매화를 닮은 여인 두향의 얼굴이 가물가물 떠올랐다.

가려는가. 아아, 정녕 가려는가.

나도 그들을 따라 이 혼암한 세상을 떠나가려는가.

퇴계 이황은 시를 읊듯이 혼잣말로 낮게 중얼거렸다. 단정한 의관에 허연 수염은 영남 학맥의 종사로서 도도한 기풍을 잃지 않았으나

눈빛은 흐릿하고 정기가 사라져 있었다. 기운이 소진되어 아침저녁
으로 문득문득 의식을 놓고는 했다. 갑자기 사방이 캄캄해져 층층 나
락으로 떨어져 있다가도 유난히 명경지수처럼 머릿속이 맑아질 때도
있었다. 그럴 때면 거짓말처럼 또렷하게 두향의 얼굴이 떠오르는 것
이다.

이황과 두향의 만남

이황이 두향을 처음 만난 것은 단양 군수로 부임한 지 얼마 되지
않았을 때였다.

바람에 꽃들이 분분히 날리어 뜰에 자욱하게 떨어지던 2월 어느
날의 일이었다. 흡사 사금파리 조각을 깔아놓은 듯이 하얀 매화꽃이
동헌 뜰에 자욱하게 떨어져 있었다. 며칠 전부터 훈훈한 봄바람이 일
면서 햇살이 따뜻하더니 매화꽃이 활짝 피었는데 어느 사이에 잎이
지고 있는 것이다.

단양 군수 이황과 관기 두향은 밤이 되어 달이 밝자 군아(군청)의 별
채에서 문을 열어놓은 채 술을 마시고 있었다.

🌸 그대가 나에게 모과를 선물하니　　　　　　投我以木果

　　나는 아름다운 보석으로 보답하노라　　　　　報之以瓊琚

　　실은 보답이 아니라 영원히 사랑하자는 것이네　匪報也永爲以好也

이황이 시경 국풍 편의 모과라는 시의 한 구절을 외우고 두향의 얼굴을 가만히 쳐다보았다. 시경의 시가 어려운데 두향이 과연 알고 있을지 궁금해하는 눈빛이었다.

두향은 지그시 눈을 내리깔고 있다. 아미는 초승달처럼 굽어 있고 이마는 반듯하다. 호수처럼 서늘하고 깊은 양쪽 눈 사이에서 오뚝한 콧날이 흘러내리고 뚜렷한 인중 아래 입술은 앵두처럼 붉다. 아아, 어찌 이처럼 아름다운 여인이 있는가. 저 아름다운 눈이며 빙기옥골의 살결이여. 이황은 가슴이 설레는 것을 느꼈다. 나이는 십팔 세라고 했다. 여염의 규수라면 꽃봉오리라고 할 것이나 관기로는 무르익어 건드리기만 해도 툭 하고 터질 것 같은 농염한 꽃이었다.

이내 두향이 입술을 살짝 벌려 낭랑한 목소리로 다음 연을 외우기 시작했다.

🌸 그대가 나에게 복숭아를 보내주니　　　　　　　投我以木桃
　　나는 아름다운 구슬로 보답합니다　　　　　　報之以瓊瑤
　　실은 보답이 아니라 영원히 사랑하겠다는 것이에요　匪報也永爲以好也

이황은 두향이 자신이 읊은 시의 다음 연을 외우는 것을 보고 속으로 무릎을 치면서 탄복했다. 자신도 모르게 흥에 겨워 다음 연을 읊는다.

🌸 그대가 나에게 오야를 보내주니　　　　　　　投我以木李
　　나는 아름다운 옥돌로 보답하노라　　　　　　報之以瓊玖

이황이 세 번째 연을 읊기 시작하자 두향이 나지막하게 따라 외워 마치 합창을 하는 것 같았다. 시경은 모시^{毛詩}라고도 부르는데 중국 한나라 초기의 학자 모형이 시경을 연구하여 《시고훈전^{詩詁訓傳}》을 지었다. 이것이 모시이며, 다른 시경은 모두 유실되었기 때문에 오늘날 유일하게 남아 있는 시경이다.

시경은 원래 고대 중국의 시가를 모아 엮은 오경^{伍經}의 하나로, 본래는 3,000여 편이었다고 하는데 공자에 의해 305편으로 편집되어 지금까지 전해지고 있다. 시경은 남녀의 사랑을 묘사한 시가 적지 않은데 모형은 이를 임금에 대한 충성, 임금의 선정 등 정치적으로 해석하는 일이 많았다. 공자는 "시 300편을 한마디로 말하면 생각에 사악함이 없다"라고 하면서 아들 백어에게는 "시경의 주남^{周南}과 소남^{召南}을 공부하지 않으면 마치 담벼락을 마주하고 서 있는 것과 같다"라고 하여 조선시대 선비들이 가장 중요하게 생각하는 경전이 되었다.

시경 국풍편의 모과라는 시는 제환공을 기리는 시라고 모형은 말하고 있다. 위나라가 적나라의 침략을 받았을 때 제환공은 관중의 책략을 받아들여 군대를 파견하여 위나라를 구원했다. 위나라 백성들은 적나라 군사를 몰아냈다고 하여 제환공에게 감사의 뜻을 전하기 위해 노래로 불렀다. 사실상 시의 문장을 살펴면 제환공이나 관중에 대해서는 한 마디의 언급도 없는데 모형이 정치적으로 해석한 것이다. 실제로는 남녀 사이의 사랑이나 친구 사이의 아름다운 우정을 말할 때 종종 쓰인다.

'용모만 가려한 것이 아니라 학문 또한 뛰어나구나.'

이황은 기생 두향이 보면 볼수록 아름다웠다.

'오늘 사인암에서 이 아이를 만나지 않았다면 흙 속에 진주가 있는 줄을 몰랐겠구나.'

이황은 부임한 지 한 달 만에 오늘 처음으로 단양의 명승인 사인암을 찾아갔다. 육방관속을 거느리고 관내를 순찰하다가 절경이 있다고 하여 인근에 있는 사인암에 올랐었다. 고려 말에 사인 벼슬을 하던 우탁이라는 인물이 이곳에서 휴양을 한 뒤로 사인암이라 불리고 있는 곳이었다. 사인암은 물이 맑아서 바닥이 들여다보이는 냇가의 깎아지른 듯한 절벽이다.

이황이 사인암의 아름다운 경치를 두루 감상하고 있을 때 어디선가 청아한 노랫소리가 들려왔다.

🌸 봄이 저물고 있으니 보내기는 하지만　　　　春向晚送將歸

　　아득하고 멀고 먼 곳 어디까지 갈 것인가　　杳杳悠悠適何處

　　붉은 꽃을 거둬서 돌아갈 뿐 아니라　　　　不唯收拾花紅歸

　　사람 얼굴의 붉은빛까지 함께 거둬서 돌아가네　兼取人顏屋丹去

이규보의 〈송춘음送春吟〉, '봄을 보내면서 노래하다'라는 시다. 봄이 가는 모습을 보면서 인생도 속절없이 지나가는 것을 한탄하고 있다.

이황은 아름다운 목소리에 놀라 자신도 모르게 소리가 들리는 곳으로 걸음을 떼어놓았다. 그곳에는 깎아지른 듯한 단애 위에서 한 소녀가 꽃가지를 꺾어들고서 노래를 부르고 있었는데, 마치 하늘에서

🌷 이황과 두향이 처음 만났다는 전설이 깃든 사인암
두향이 그랬듯, 깎아지른 듯한 절벽 위에서 꽃 한 가지를 들고 노래를 부르면 선녀가 하강한
듯 아름다울 것이다.

내려온 선녀처럼 아름다웠다.

"저 여인은 누구인가?"

이황이 수행하는 아전들에게 물었다.

"관기로 두향이라고 합니다. 사또 앞에 대령하오리까?"

이방이 허리를 숙이고 대답했다.

"공무 중인데 어찌 기생을 가까이 하겠는가?"

이황은 두향의 맑고 고운 노랫소리에 호기심이 일었으나 손을 내
저었다. 두향은 소풍을 나온 것 같았다. 사인암 한쪽에 커다란 차일이

처져 있고 화려한 옷차림을 한 몇몇 기생들의 모습이 보였다. 아전들이 기생을 불러 오려고 했으나 이황은 그대로 두게 하고 군아로 돌아왔다. 밤이 되어 이황이 일과를 마치고 별채에서 책을 읽고 있는데 두향이 작은 주안상을 들여왔다.

"침모는 어디를 가고 네가 온 것이냐?"

이황은 이맛살을 찌푸리고 두향을 쏘아보았다.

"이방께서 소인에게 사또를 모시라고 하였습니다."

이황은 두향을 내치려다가 낮에 사인암에서 본 기생이라는 것을 알고 술을 따르게 했다. 이런저런 이야기를 시켜보니 나이는 열여덟 살이고 그 어미 또한 기생이었다. 그러나 행동거지가 음전하고 말씨도 천박하지 않았다. 오히려 이야기를 하면 할수록 두향이 학문적으로 뛰어나고 문장에도 능통한 여인이라는 것을 알 수 있었다.

'기생이 아니라 여사女士로구나. 남자로 태어났으면 학문적으로 대성했을 것을…….'

감탄한 이황은 두향과 이야기를 하느라 시간이 가는 줄 몰랐다. 두향 또한 이방의 지시를 받고 신관 사또를 모시려고 들어왔으나 시간이 흐를수록 이황의 학문에 저절로 머리가 숙여졌다.

이황과 두향은 마치 오랜 지기를 만난 듯이 술을 주고받으면서 시를 논하고 학문을 이야기했다.

이황이 시를 읊으면 두향이 화답하고, 두향이 시를 읊으면 이황이 화답했다. 함께 거문고를 타면서 노래를 불렀는데, 두향이 거문고를 타면 이황이 노래를 부르고 이황이 거문고를 타면 두향이 춤을 추면서 노래를 불렀다. 함께 술을 마셨는데, 두향이 따르면 이황이 마시고 이황이 따르면 두향이 마셨다. 함께 바둑을 두었는데, 이황이 이기고 두향이 졌다. 함께 쌍륙을 두었는데, 두향이 이기고 이황이 졌다. 함께 통소를 불자 봉황이 날아오고 뭇 짐승들이 몰려와 귀를 기울이는 것 같았다. 함께 춤을 추자 한 쌍의 나비처럼 어울려 시간이 흐르는 줄을 몰랐다.

'내가 이 세상에서 신선을 만났구나. 용모는 탈속하고 가슴속에는 천하의 지혜가 들어 있는 분이다.'

두향은 신관 사또 이황의 얼굴을 천천히 바라보았다. 청수한 중년 문사였다. 몸이 마르고 눈이 작았으나 정기가 뿜어지고 가지런한 수염은 맑고 깨끗해 보였다.

'이분과 오늘 밤 동침할 수 있다면 평생을 혼자 살아도 여한이 없을 것이다.'

두향은 이황을 보면서 가슴이 뛰고 얼굴이 화끈거렸다. 지난 1월에 부임한 신관 사또였다. 아직까지 기생 어느 누구에게도 천침을 들라는 영을 내린 일이 없어서 모두들 의아하게 생각하고 있었다. 들리는 말로는 문명이 높은 선비라고 했다. 이미 유림에 쟁쟁한 명성을 떨치고 있는 큰 선비인 것이다.

"너로 인하여 오늘 밤 즐거운 시간을 보냈구나. 그만 돌아가도록 하라."

이황이 자세를 바로하면서 영을 내렸다. 목소리는 낮았으나 거역할 수 없는 위엄이 있었다.

"소인이 물러가야 하옵니까?"

두향은 자리에서 일어설 듯하다가 이황에게 또렷한 목소리로 물었다. 서운함이 실려 있는 목소리다.

"그리하라."

이황이 눈을 내리깔고 낮게 대답했다. 두향은 비록 관기라고 하더라도 절색의 아름다움을 갖고 있었다. 호수처럼 크고 맑은 눈과 오똑한 콧날, 그리고 앵두처럼 붉은 입술, 빙설이라고 해도 과언이 아닐 정도로 깨끗한 살결을 갖고 있는 여인이었다.

관기는 수령이 영을 내리면 무조건 수청을 들어야 한다. 기생은 공가지물公家之物이라고 하여 관청의 소유물에 지나지 않는다. 더러는 절개를 지켜 수절하는 여인도 있으나 대부분 수령의 지시에 따라 관장들의 수청을 들고, 관가를 찾아오는 유력한 양반들의 천침까지 들어야 했다.

조선의 기생들은 원칙적으로 관에 소속되어 있다. 관가의 행사나 연회에 동원되어 여흥을 돕는 것이 그들의 주된 업무다. 연회를 돕는 것에는 술 시중, 잠자리 시중까지 포함된다.

이황은 두향을 품에 안으려면 얼마든지 그렇게 할 수 있는 위치였다. 게다가 두향은 유혹을 뿌리치기 힘들 만큼 아름다웠다. 하지만 그는 스스로 몸을 깨끗하게 하기 위해 여색을 멀리하고 있었다.

"소인 물러가옵니다."

두향은 이황에게 절을 하고 물러나왔다. 오늘 처음 만났으나 마음을 주었는데 내침을 당한 꼴이니 가슴속이 허전했다.

두향은 이때부터 이황을 모시기 위해 모든 노력을 기울였다. 그러나 이황은 꼿꼿한 선비여서 함께 시를 읊고 학문을 논해도 두향에게 결코 수청을 들라는 영을 내리지 않았다. 오히려 두향이 은밀한 눈빛을 보내면 엄중한 눈빛으로 거절했다.

모질게 뿌리친 인연

이황과 두향에 대한 출처 없는 전설은 다양하다. 다만 기록이 뚜렷하지 않을 뿐이다. 육체적인 관계가 없었을 뿐 이황과 두향이 깊은 사랑을 나누었음은 확실하다.

그러나 이황은 단양 군수로 부임한 지 9개월 만에 풍기 군수로 갈리게 되었다. 이황의 형이 충청관찰사로 부임하자 이황이 단양 군수를 사임하여 풍기 군수로 명을 받은 것이다. 두향은 이황과의 이별이 너무 서러웠다. 열여덟 꽃다운 나이에 처음으로 마음을 준 사내와 이별하려니 눈물이 하염없이 흘러내렸다.

"차라리 소인의 젖가슴 하나를 베어 사또를 향한 미망에서 벗어나게 해 주소서."

두향은 저고리 옷고름을 풀어헤치고 젖가슴 하나를 베어내 달라고 울면서 애원했다. 그래야 이황을 향한 자신의 마음을 잘라낼 수 있다는 처절한 고백이다. 단양 지역에서 전설처럼 전해져 내려오는 이야기다. 일부에서는 옷고름을 잘라내어 달라고 했다는 말도 있다. 이는 할급휴서割給休書라고 하여 남녀가 헤어질 때 옷깃을 잘라주는 풍습에 따라 전해져 내려오는 전설이다.

"사람은 누구나 만나고 헤어지는 것이다. 회자정리라고 하지 않느냐?"

♥ 퇴계 이황

이황에게 마음을 준 기생이 있었다
는 것이 놀랍다. 대학자로 명성을 얻
었지만, 사랑하는 여인을 곁에 두지
못하는 아픔을 간직해야 했다.

이황이 측은한 표정으로 말했다.

"사또께서 저를 데려가소서."

"내 그리할 수 없다."

두항은 울면서 매달렸으나 이황은 야속하게 뿌리쳤다. 불과 몇 달
동안 이황을 모셨으나 두항은 그와 헤어진다는 사실이 살점을 도려
내는 것처럼 아팠다.

기생은 외로운 존재이다. 뭇 사내들에게 술과 웃음을 팔지만 진정
으로 자신을 위해 주는 사람을 만나면 목숨까지 바친다. 이황은 그녀
를 한낱 관기로 본 것이 아니라 마음이 통하는 정인으로 대우해 주었
고, 두항은 마음 모두를 내주었다.

두향은 이황이 떠나던 날 매화분 두 개를 선물했다. 백매와 홍매였다. 백매는 순결을 상징하고 홍매는 오랜 세월이 흘러도 변하지 않는 붉은 마음, 일편단심을 상징한다.

"어찌 이리 집착이 심한고?"

이황의 눈빛이 크게 흔들렸다. 자신 때문에 수절을 한다면 부담이 될 수밖에 없다.

"소인을 생각하는 마음이 있다면 이 매화에 물을 주소서."

두향이 확고한 의지를 가지고 말했다. 이황과 두향의 시선이 허공

🌺 일본에서 돌아온 홍매

서울의 남산 안중기념관 앞의 공원에 심어져 있다. 이황을 사랑하여 강선대에서 몸을 던진 기생 두향처럼 붉은 매화는 소담스러우면서도 기품이 있고 아리땁다. 이 매화는 수백 년이 흐르면 용이 누워 있는 형상으로 변하여 와룡매가 된다.

에서 불꽃을 튀겼다. 이황은 두향이 주는 매화를 박절하게 거절할 수 없어서 매화를 가지고 떠났다.

두향은 이후 기적에서 빠져 나와 이황을 그리워하면서 평생을 혼자 살았다. 그가 그리울 때면 신선이 내려와 놀았다는 강선대에 올라가 울었다.

이황 또한 두향이 준 매화를 정성껏 키웠을 뿐 아니라 늙어 죽을 때까지 두향을 잊지 않았다.

강선대에 몸을 던지다

간재 이덕홍이 기록한 퇴계 이황의 《언행록言行錄》의 고종기考終記에 있는 기록을 살펴보자. 이덕홍은 10여 세에 이황의 문하에 들어가 자식과 같은 사랑을 받았다.

12월 3일에 이질로 설사를 하셨다. 마침 매화의 화분이 곁에 있었는데 선생은 그것을 다른 곳으로 옮겨 놓으라고 하시고는, "매형에 대하여 조촐하지 못하면 내 마음이 미안해서 그렇다"고 하셨다.

이황의 매화에 대하여 조촐하지 못한 마음이란 두향에 대한 마음일 것이다. 이황은 매화를 매형이라고까지 부르면서 애지중지하고 평생을 돌보았다.

8일에는 아침에 화분의 매화에 물을 주라고 하셨다. 이날은 개었는데 유시로 들어가자 갑자기 흰 구름이 지붕 위에 모이고 눈이 내려 한 치쯤 쌓였다. 조금 있다가 선생이 자리를 똑바로 하라고 명하므로 부축하여 일으키자, 앉아서 돌아가셨다. 그러자 구름은 흩어지고 눈이 개었다.

역시 언행록의 고종기에 있는 기록이다. 퇴계 이황은 앉아서 죽음을 맞이했다. 그가 죽자 영남학맥의 맥을 이은 선비들은 성인을 잃었다면서 비통해했고 수많은 선비들이 장례에 참여하여 만사를 짓고 애통해마지 않았다.

내가 죽으면 해조該曹가 틀림없이 관례에 따라 예장禮葬을 하도록 청할 것인데, 너는 모름지기 나의 유언이라 칭하고 상소를 올려 끝까지 사양하라. 그리고 묘도墓道에도 비갈碑碣을 세우지 말고 작은 돌의 전면에 '퇴도만은진성이공지묘退陶晚隱眞城李公之墓'라고 쓰고, 그 후면에 내가 지어둔 명문銘文을 새기라.

이황이 남긴 유언이었다.
두향은 퇴계 이황의 부음을 듣고 단양에서 소복 차림으로 나흘을 걸어서 안동에 이르렀다.
'한 번 뵈옵는 것이 소원이었는데 이리 가시니 너무 무정하구나.'
두향은 간장이 끊어지는 것 같았다. 두 볼로 하염없이 눈물이 흘러내려 옷깃을 적셨다. 그러나 부녀자의 신분이고 이황과 어떤 인연도 맺지 못했기 때문에 그녀는 장례식조차 참여할 수 없었다. 그저 상례

♥ 강선대 옆에 묻힌 두향의 무덤

잡목이 앞을 가리고 있으나 오른쪽에는 작은 비석도 보인다. 유람선에서 찍은 탓에 무덤이 확실하게 드러나지 않고 있다.

를 마칠 때까지 이황이 세상을 떠난 도산서원만 먼발치에서 바라보고 있을 수밖에 없었다.

논자들에 의하면, 이황은 유종(儒宗)으로서 정암 조광조 이후 그와 겨룰 자가 없으니, 이황이 재주나 기국(器局)에 있어서는 조광조에 미치지 못하지만, 의리를 깊이 파고들어 정미한 경지까지 이른 것은 조광조가 미치지 못한다고 한다.

≪조선왕조실록≫ 줄기의 기록이다. 이황이 죽자 조정도 크게 놀라고 유성룡은 통곡을 하고 울었다. 상여가 나가던 날은 만장이 길을 가득 메웠다.

두향은 자신을 두고 떠난 이황이 야속하여 먼 논둑길에서 상여를 따라 걸었다. 매장이 모두 끝나고 봉분까지 세우고 그들이 돌아가자 비로소 무덤 옆으로 갈 수 있었다. 아직 떼를 입히지 않은 이황의 무덤은 양지 쪽이었다. 해가 설핏 기울고 있었으나 두향은 절을 하고 곡을 했다.

그와 헤어진 지 어느덧 21년이었다. 그 21년을 한결같이 불러주기만을 바랐는데 이황은 야속하게 그녀를 부르지 않고 먼저 저세상으로 갔다. 두향은 무덤을 몇 번이나 쓸어안으면서 울었다. 야속한 어른이었다. 내가 한낱 기생이기 때문에 그러했는가. 단양군 군수로 부임하여 사인암을 순찰하고 밤에 군아의 별채에서 만났을 때 나를 한낱 천기로 생각했는가. 야속한 사람이었다. 살아생전 그 사람의 빈 가슴을 채워주지 못했다는 사실이 두향은 간장을 끊어내는 것처럼 고통스러웠다.

이황을 생각하며 십수 년을 수절했다. 그러나 그가 같은 하늘 아래 있음이 그렇게 의지가 되었다. 이제 그가 죽자 두향은 더 이상 살아갈 이유를 찾을 수 없었다. 이황의 무덤을 그렇게 어루만지던 두향은 강선대에서 몸을 던져 목숨을 끊었다.

이후 두향과 이황의 애틋한 사랑은 단약 지역에서 구전으로 전해져 많은 시인들이 이들의 아름다운 사랑을 노래했다.

외로운 무덤이 강가 길섶에 있어	孤墳臨官道
모래톱 아래에 꽃이 붉게 비치네	頹沙映紅蕚
두향의 이름이 잊힐 때면	杜香名盡時
강선대의 바위도 사라지리라	仙臺石應落

월암 이광려의 작품이다. 단양에서는 두향의 애절한 사랑을 그려 해마다 두향제를 지내고 있다.

매화의 기이한 편력

두향은 이황과 이별하면서 자신의 마음을 닮은 매화를 선물했다. 매화
는 사군자로 불려 시인묵객들의 사랑을 받았다. 이황은 벼슬에 있을 때는
정청 마당에 매화를 심어놓고 아침마다 매화와 더불어 대화하고, 매화와
마주 앉아 술을 마시면서 매화를 형이라고 부르며 밤을 새웠다. 이황에게
도 두향은 잊을 수 없는 여인이었기에 두향을 보듯이 매화를 보았고, 두향
을 돌보듯이 매화를 사랑했다.

도산서원의 매화를 도산매라고 부르는데, 꽃잎이 희다 못해 푸른 기운
이 돈다고 해서 일품으로 꼽는다. 사람들은 퇴계 이황의 꼿꼿한 성품을 닮
았다고도 하고, 이슬 같은 여인 두향의 마음이라고도 한다. 도산서원의 도
산매는 1986년에 고사했는데 도산서원의 매화는 후계목이 없다.

매화를 사랑하는 사람들에게 도산매는 천금과도 바꿀 수 없다.

도산매는 용이 누워 있는 모습과 흡사하다고 하여 와룡매라고도 불린
다. 와룡매에는 그야말로 전설과 같은 파란과 곡절이 있다. 일본 동북지방
의 센다이 시의 즈이간지 사찰에 4백 년이 넘는 와룡매, 백매와 홍매가 있
는데 임진왜란 중에 다테 마네무사라는 이 지방 영주가 조선에 출정했다
가 1597년 퇴각하면서 가져갔다고 한다. 이후 한국에서는 와룡매가 거의
사라졌다.

다테 마네무사는 애꾸눈 무사로 임진왜란 때 진주성 전투에서 공을 세

워 일본 동북지방의 영웅이 되었다. 도쿠가와 이에야스의 휘하 장수로 일본에서는 '다테 영주처럼 멋진 남자'라는 말이 상용어가 되고 있다고 한다. 그래서 멋진 남자를 다테단伊達南이라고 부른다.

다테 마네무사가 조선에서 가져 간 와룡매는 즈이간지 절에 있고 몇몇 지방으로 퍼져 갔다. 일본의 동북지방 센다이 시에 파견된 교육자 임창순은 우연히 즈이간지 절에서 와룡매를 보게 되었다. 그는 이날 이후 와룡매가 즈이간지 절에 있게 된 배경을 추적했고 이를 수필로 기고하여 일본에서 크게 화제가 되었다. 일본에서도 이 매화는 몇 그루 되지 않는 귀한 매화였다.

와룡매를 찾아 동북지방을 헤매던 임창순은 마침내 1991년 자목 (분양한 나무)을 수원농림고에 분양하여 키우게 했다. 이 와룡매는 지금도 잘 자라고 있다.

일본에서 와룡매에 대한 관심이 높아지자 즈이간지의 주지는 조선에서 가져온 매화를 조선에 돌려주어야 한다고 판단하여 1999년 3월 26일 안중근 의사 순국 89주년에 맞춰 거창한 와룡매 환국식을 거행하고 백매와 홍매를 봉납하여 남산공원에 심었다.

퇴계 이황과 두향의 안타까운 사랑의 전설이 깃든 와룡매는 임진왜란 때 일본으로 건너갔다가 돌아와, 남산 공원에서 자라고 있다. 매화를 보고 있으면 이황과 두향의 이루어지지 못한 사랑이 떠오른다.

한 세상 다 가져도 가슴에는
한 사람만 남아

영흥 기생 소춘풍

사랑이란 권력이나 부귀, 명예를 따르는 것이 아니다. 그저 아무 조건 없이 보고 싶고, 그립고, 만나면 기쁜 것이 사랑이다. 뭇 남자들에게 술을 팔고 웃음을 파는 기생들도 사랑을 했다. 영흥 출신의 기생 소춘풍은 용모가 지극히 아름다웠기 때문에 그 미모로 조선을 뒤흔들었다. 대부분의 기생들처럼 그녀도 출생이나 사망 시기가 정확하게 알려지지 않고 있으나 성종시대에 활약을 했다고 알려졌다. 소춘풍은 가무에 능하고 시와 문장에도 빼어났다. 이능화의 ≪조선해어

화사≫에 '미모로서 한 세상을 뒤덮었다'라고 기록되어 있을 정도다.
성품도 담대하여 권력자들을 쥐락펴락했다.

소춘풍은 많은 고관대작들의 구애를 받았으나 진정으로 사랑한 남
자는 평범한 선비인 이수봉뿐이었다.

한양에서는 때때로 지방의 이름 있는 기생들을 뽑아 올리라는 영
을 내린다. 이를 선상選上이라고 하는데, 각 지방에서는 최고의 명기를
뽑아 한양으로 보냈다. 한양에 올라온 기녀들은 한양 기적(기생으로 등
록되어 있는 소속)에 올라 활약한다. 이러한 기생들은 고관대작들의 품속
을 전전하면서 한 세상을 풍미하기도 하고 미모가 사라지면 다시 지

방으로 보내졌다.

　기생 소춘풍을 사랑했던 이수봉이라는 남자는 누구인가. 단지 그 이름만이 기록에 남아 있어서 상세한 내막을 알 수 없으나 영흥 출신의 이름 없는 선비일 가능성이 높다. 소춘풍이 영흥에서 한양으로 올라오자 두 사람은 헤어져야 했다.

　영천군 이정은 세종의 둘째아들인 효령대군의 아들로 상당히 호색한 인물이었다. 그는 지방에서 한양에 올라온 기생들을 자신의 집에 머물게 하면서 사랑을 나누었다. 영천군 이정의 집을 거쳐 간 많은 기생들이 명기로 이름을 떨쳤다. 기생 자동선을 비롯하여 많은 기생들이 그를 거쳐 갔으나 그는 자신을 떠난 기생들을 탓하지 않았다.

　이정은 청교아를 사랑하다가 자동선을 첩으로 들였는데 그녀 또한 경국지색이었다.

　　🌸 청교의 버들은 애태워서 푸르기만 하고　　　靑郊楊柳傷心碧
　　　자동의 경치는 때를 만나 더욱 아름답네　　　　紫洞烟霞萬意濃

　서거정이 지은 시다. 청교아는 젊기만 했지 자동선이 훨씬 미인이라는 뜻이다. 영천군 이정은 이 시를 외우면서 늘 자랑했다고 한다. 자동선의 미모는 명나라까지 알려져, 사신 김식이 조선에 오게 되자 그녀의 얼굴을 한 번 보기를 원했다. 조정에서는 왕실의 첩을 사신에게 보여줄 수가 없어서 다른 기생을 보냈다.

　"아니다. 한림 장령이 항상 자동선의 미모를 칭찬했는데 이 정도의 여인이라면 장령이 입이 마르도록 칭찬하지 않았을 것이다."

김식이 고개를 흔들어 사신을 접대하는 예관이 할 수 없이 자동선을 청하여 보여주자 사신이 비로소 만족했다. 이러한 영천군 이정의 집에 소춘풍이 들어가자 장안의 한량들이 들끓었다.

성종 16년(1485) 11월 16일에 사헌부에서 선전관 김윤손을 탄핵했다.

"김윤손이 영천군 이정이 데리고 사는 기생 소춘풍을 불러다가 대낮에 간통한 죄는 결장決杖 1백 대에 고신을 모두 빼앗아야 하며 외방에 부처해야 합니다."

성종은 이 일을 의정부와 영돈녕 이상의 대신들에게 논의하도록 했다.

"부처付處하는 것을 제외한 나머지는 아뢴 대로 시행하는 것이 어떻겠습니까?"

정창손이 아뢰었다.

"본율本律대로 장 1백 대는 속贖바치게 하고, 고신은 모두 빼앗는 것이 어떻겠습니까?"

한명회, 홍응, 이극배, 노사신, 윤호, 김겸광이 아뢰었다. 곤장 1백 대는 돈으로 바치게 하고 고신을 빼앗자는 주장이다. 그러나 김윤손이 억울하다고 주장했다. 소춘풍과는 자신이 먼저 정을 통했는데 이정이 나중에 데리고 갔다는 것이다.

"김윤손의 죄는 다만 조간(여자를 꾀어 간통하는 일)한 것에 합치되므로 외방에 부처하는 것은 정율正律이 아닙니다."

윤필상이 아뢰었다.

"정말 김윤손의 공사(조선 시대에 죄인이 범죄 사실을 진술하던 일)와 같다면

115

정을 통한 것이 김윤손이 먼저가 되고 영천군이 뒤가 됩니다. 그러나 추문하는 관리가 김윤손의 말을 사실로 여겨서 조사해 밝히지 않았으니, 애매한 듯합니다. 또 창기는 본래 일정한 지아비가 없는데 어찌 선후先後를 논하겠습니까? 다만 소춘풍이 이미 종친의 집안에 들어가 소속되었는데, 김윤손이 조관朝官으로서 감히 끌어들여 간통하였으니, 법으로 조치하는 것은 적당하나 조간의 율律은 무거운 것 같습니다."

이파가 아뢰었다. 기생은 지아비가 없어서 이 남자 저 남자와 정을 통하는데 간통죄로 다스리는 것이 적당하지 않다는 뜻이다. 그런데 이 사건에서 기이한 것은 소춘풍에 대해서는 죄를 묻지 않고 있다는 사실이다.

김윤손의 간통사건으로 소춘풍의 명성은 더욱 높아졌다.

성종을 사로잡은 기녀

하루는 성종이 대신들을 모아놓고 잔치를 베풀었는데 소춘풍이 참석했다. 임금이 참석하고 기생들이 동원되면 잔치는 성대해진다. 궁중 잔치의 의전에 맞춰 성대한 연회가 벌어져 악공들이 늘어서 연주를 하고 기생들이 노래를 부르고 춤을 춘다.

"기생은 권주가를 부르고 술을 따르라."

성종이 유쾌하게 웃으면서 영을 내렸다. 소춘풍은 임금의 영이 내리자 준소(술두루미 있는 곳)에 나아가 금잔에 술을 부었으나, 감히 지존인 임금에게 올릴 수가 없어서 영의정 앞에 가서 잔을 들고 노래를 불렀다.

❀ 순 임금이 계시지만 감히 말을 할 수 없으나　　舜雖在而不敢斥言

요 임금이 바로 내 좋은 짝인가 하노라　　若堯則正我好逑也

소춘풍의 노래는 임금에게는 감히 잔을 올릴 수 없으나 영의정은
나의 좋은 짝이니 잔을 올린다는 뜻이다. 사람들이 모두 웃고 영의정
도 흡족하여 성종에게 사례를 하고 술을 마셨다.

"미색만 뛰어난 것이 아니라 권주가 또한 일품이로다. 다음 차례는
내가 될 듯하니 즐거이 잔을 받으리라."

병조판서는 문신에게 술을 올렸으므로 소춘풍이 이제는 무신인 자
신에게 술을 올리는 것이 당연하다고 생각하여 어깨를 들썩거리며
소춘풍이 다가오기를 기다렸다. 그러나 소춘풍은 무신들 중에 가장
높은 병조판서를 외면하고 대제학 앞으로 갔다.

❀ 고금의 사리에 통달한 명철한 군자라　　通今博古 明哲君子

어찌 버려두고 무식한 무부에게 갈 것인가　豈可遺棄 乃就無知 武夫也

소춘풍이 병조판서가 하는 이야기를 들었는지 흥겹게 노래를 하면
서 대제학에게 술을 올렸다. 좌중의 모든 대신들이 통쾌하게 웃었으
나 병조판서만은 얼굴이 붉으락푸르락해졌다. 대제학은 나라의 교육
과 학문을 통괄하는 수장이다. 소춘풍은 대제학을 나라의 국방을 맡
은 병조판서보다 더 높게 본 것이다.

🍒 평양감사향연도의 연광정 연회도

정자 위에서 기생들이 춤과 노래를 선보이고 있다. 고을의 잔치가 있을 때는 기생들이 흥을
돋우는 역할을 했다.(국립중앙박물관 소장)

🌸 앞서 말은 농담이요, 내 말이 잘못됐소 　　　前言戲之耳 吾言乃誤也

　　용맹한 무사를 어찌 아니 좇겠소 　　　　　　趑趄武夫 那可不從也

　　연이어진 소춘풍의 노래에 병조판서는 크게 기뻐하고 좌중의 대신
들도 박장대소를 했다. 소춘풍은 노래로 궁궐의 쟁쟁한 대신들을 쥐
락펴락한 것이다. 성종도 소춘풍의 노래에 감탄하여 금단과 견주 및

호표피, 후추를 상으로 하사했다. 소춘풍이 무거워서 운반할 수가 없자 입시했던 장사들이 모두 날라다 주어 그녀의 이름이 더욱 유명해졌다.

성종은 기생을 좋아하여 곡연(임금이 궁중 금원에서 베풀던 작은 연회)을 열 때마다 기생들을 불러들여 즐겼다. 성종시대에 선전관 중에 용모가 천신과 같은 미남, 소위 꽃미남이 있었다. 사람들이 그의 용모가 아름답다고 하여 옥인(용모와 마음씨가 아름다운 사람)이라고 불렀다. 그가 거리에 나서면 기생들이 다투어 쫓아왔기 때문에 낮에는 거리에 나서지 못할 정도였다.

하루는 성종이 진풍정(진연보다 규모가 크고 의식이 정중한 궁중의 잔치)을 열어 관기와 사창私娼이 장내에 가득했다. 그런데 기생들이 유흥에는 관심을 두지 않고 해가 질 때까지 한쪽만 바라보고 있어서 성종이 기이하게 생각했다.

"기생들이 어찌하여 한쪽만 쳐다보고 있는 것인가?"

성종이 시신에게 물었다.

"선전관 이 아무개가 시신 반열에 있기 때문입니다."

시신이 황송해하면서 대답했다. 기생들은 꽃미남인 이 선전관을 쳐다보느라고 잔치는 뒷전이었던 것이다. 성종은 기생들의 시선을 한 몸에 받고 있는 이 선전관이 괘씸했다.

며칠이 지나 성종이 편전에 있는데 대신들과 이 선전관이 입시해 있었다. 날씨가 무더운 여름철이어서 부채질을 하던 성종이 명주천을 부채에 매달고 몇 번 흔들다가 시신들에게 하문했다.

"이 부채를 누구에게 주랴?"

"영의정에게 하사하십시오."

"대제학에게 하사하셔야 합니다."

대신들이 다투어 아뢰었다.

"네가 가져라."

성종은 대신들의 말을 들은 체도 하지 않고 이 선전관에게 부채를 던졌다. 이 선전관이 황송해하면서 부채를 받았으나 이후 성종의 질투를 받아 죽을 때까지 선전관에 머물렀다.

선전관에게 질투를 할 정도로 기생들을 좋아한 성종이었으니 미모로 장안을 뒤흔든 소춘풍을 그냥 둘 리가 없다. 성종은 소춘풍을 은밀하게 불러서 후궁으로 삼겠다는 뜻을 내비쳤다.

"전하께서는 존귀하신 분인데 어찌 천한 기생을 대궐에 들여 비난을 받으려 하십니까?"

소춘풍은 기생을 후궁으로 들이는 것이 옳지 않다고 완곡하게 거절했다.

"네 미색이 나를 설레게 하는데 어찌해야 하는고?"

"전하께서는 백성을 사랑하시니 틈틈이 미행(임금이 미복을 입고 신분을 숨긴 채 잠행하는 일)을 하실 수 있을 것입니다."

소춘풍이 곱게 웃으면서 아뢰었다. 소춘풍의 말은 밤에 미행을 나오라는 뜻이다. 성종은 소춘풍의 말을 듣고 크게 기뻐했고, 그날 이후 틈틈이 미행을 나와 소춘풍과 밀애를 나누었다.

소춘풍의 고백

소춘풍은 미모로 고관대작들의 사랑을 받으면서 한 세상을 살았다. 그러나 화무십일홍에 권불십년이다. 장안의 사내들 가슴을 뒤흔들던 소춘풍의 미모도 나이가 들면서 가을 햇살처럼 시들기 시작했다.

"내 너에게 후하게 해 줄 것이 없다. 네가 죽으면 네 무덤 앞에 별도로 전奠(제사상)을 차려 내 뜻을 표하겠다."

흥원군이 소춘풍에게 말했다. 흥원군은 성종의 후궁이 낳은 봉안군 이봉의 아들이다.

'내 죽은 뒤에 훌륭한 전을 차리면 무슨 소용이 있겠는가?'

이후 소춘풍은 최국광의 소실이 되었다. 기생은 늙으면 의탁할 사람이 있어야 했다. 최국광은 진정으로 소춘풍을 사랑했으나 소춘풍의 마음은 여전히 이수봉에게 있었다.

"네 병이 위중해졌으니 가슴에 품은 것이 있으면 말하라."

소춘풍이 병이 들자 최국광이 물었다.

"수봉이 보고 싶습니다."

소춘풍이 눈물을 흘리면서 말했다. 왕을 비롯해 숱한 남자를 거느렸음에도 마음의 주인은 따로 있었던 것이다. 최국광은 소춘풍이 진심으로 사랑하는 사람이 따로 있다는 것을 알고는 입을 다물었다. 그래도 소춘풍이 죽자 선영에 장사를 지내 주었고, 흥원군도 약속대로 제주를 갖추어 훌륭한 전을 차렸다.

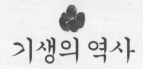

기생의 역사

기생의 역사는 얼마나 오래 된 것일까. 이능화는 ≪조선해어화사≫에서 신라의 원화源花(화랑의 전신)에서 기생의 근원을 찾고 있다. 비록 기록은 뚜렷하지 않으나 기생은 인간이 부족사회를 형성하면서 비롯되었다고 볼수 있다. 인간이 부족을 이루면서 부족 간에 전쟁이 발발한다. 승자는 여자와 아이들을 전리품으로 약탈했다. 결국 강한 부족은 많은 여자들과 아이들을 노예로 거느리고, 남자를 잃은 여인들은 살아가기 위해 몸을 팔게된다.

좀 더 발전한 고대의 국가에서는 지배자나 부족을 위하여 춤을 추고 노래를 하면서 신들에게 제사를 지내는 샤머니즘적인 주술사들이 등장한다. 주술사들은 제례가 끝나면 기생의 역할을 했다.

우리나라에 문헌 상 기생이 처음 등장하는 것은 고려시대 이인로의 ≪파한집≫이다.

김유신은 소년시절 천관녀와 교유했다. 모부인이 이를 꾸짖자 다시는 천관을 찾지 않겠다고 약속했다. 하루는 말 위에서 졸고 있는데 습관적으로 말이 천관의 집을 찾아갔다. 창녀가 한 편으로는 기뻐하고 한편으로는 원망하면서 나아가 울면서 맞이했다. 정신을 차린 김유신은 말의 목을 베고 안장조차 버리고 돌아갔다. 천관녀는 그의 무정함을 원망하며 〈원사怨詞〉를 지었다.

≪동국여지승람≫에 있는 기록이다. 우리나라의 기생은 이미 삼국시대 때부터 존재했다는 사실을 알 수 있다.

우리나라의 기생은 본래 양수척楊水尺에서 생겼는데, 양수척이란 유기장柳器匠이다. 이들은 고려 태조가 백제를 공격할 때에도 다스리기 어려웠던 유종遺種들로서, 본래 관적貫籍도 부역도 없이 물과 풀을 즐겨 따르며 늘 옮겨 다니면서 오직 사냥만 일삼고, 버들을 엮어 그릇을 만들어 파는 것으로써 생업을 삼았다.

이익의 ≪성호사설≫의 기록이다. 고려 무신 이의민의 아들 이지영이 삭주朔州 분도장군分道將軍이 되었을 때 그의 기첩 자운선에게 양수척들을 입적시킨 뒤에 세금을 징수하고, 그가 죽은 뒤에는 최충헌이 자운선을 첩으로 삼아 인구의 수를 따져서 자운선에게 세금을 받도록 한 일이 있었다. 일정한 거처 없이 떠돌던 이들이 이후부터 읍적邑籍에 소속되어 남자는 노奴가 되고 여자는 비婢가 되었다.

여종은 권력자들인 고을의 수령들에게 사랑을 받기 위해 얼굴을 예쁘게 꾸미고 노래와 춤을 익히므로 기생[妓]이라고 부르게 되었다고 이익은 말한다. 기妓와 비婢는 같은 신분이었으나 비가 기보다 먼저 존재했다. 결국 비나 기는 원시 봉건사회의 계급 분화과정에서 비롯되었다고 할 수 있다. 그러나 이는 이익의 학설일뿐이다. 기생의 발생은 노비제도와 매춘이 복합적으로 어우러져 점점 제도화되었다고 보는 것이 타당할 것이다.

조선시대의 기생은 관기官妓와 사기私妓로 나뉜다. 관기는 공식적으로 관청에 소속된 기와 비를 함께 부르는 호칭이고 사기는 공식적인 명칭은 아니다. 사기라는 말 대신 사창私娼이라는 말이 널리 쓰인 것으로 보아 사기가 존재했으나 공식적으로 인정하지 않은 것으로 보인다. 관기는 기생의 역사에서 볼 수 있듯이 관청에서 소속된 비와 기의 통칭이고, 사기는 사사로이 기생 일을 업으로 삼은 여자들이다.

그렇다면 사기는 어떻게 존재했는가. 조선시대 기생들은 대부분 교방에서 기생의 업을 학습하고 12세에서 16세가 되면 남자를 몸으로 받아들인다. 그러나 20세가 넘으면 퇴기가 되어 기생의 업에서 물러나는데 이때 사사로이 기루를 차리게 된다. 많은 기생들이 사대부들의 첩이 되지 않으면 늙어서 관청의 허드렛일을 하게 되어 관기에서 빠져 나와 사기가 되고는 했다. 관기일 때도 사사로이 영업을 하는 일도 적지 않았다.

이렇게 보면 조선시대 기생은 대부분 관기라고 해도 과언이 아니다. 그러나 사기는 관기에서 파생되어 나온 것으로 보이지만 실제로는 매춘의 역사처럼 인류의 역사와 크게 다르지 않았다.

조선시대에는 관기 외에도 수많은 사기들이 존재하고 있었다. 조선개국 정승을 호되게 비판한 설중매 역시 사기였다. 신라시대와 고려시대에 이미 사기가 존재하고 있었고, 주막이나 술집에서 공공연하게 매춘이 이루어졌다. 다만 조선시대의 사기는 매춘과 구별되는 것이, 은근자로 불리는 이패二牌 이상의 기생들이 기록 상 수없이 존재하고 있다는 사실이다. 황진이를 비롯하여 성산월 등 많은 기생들이 이패 이상의 사기들이다. 이들은 관기에서 시작하여 사기가 되었을 가능성이 높다.

이능화는 기생의 종류를 기예만 공여하는 일패一牌, 기예를 공여하되 은

근히 몸도 파는 은근짜를 일컫는 이패二牌, 노골적으로 매춘을 하는 작부와 같은 탑앙모리를 일컫는 삼패三牌로 나누었다. 조선시대 매춘은 이들 외에도 돗자리를 가지고 떠돌면서 매춘을 하는 들병이, 곡예를 하면서 몸을 파는 여사당도 존재했다.

몇 번을 사랑해도
불같이 뜨거워라

부안 기생 매창

쏴아아아. 바람이 일면서 하얀 배꽃이 하늘하늘 떨어진다. 여인은
뜰 앞에 사금파리 조각처럼 하얗게 깔린 배꽃을 본다. 봄이 온다고
생각했는데 하마 가고 있는가. 여인의 짙은 속눈썹이 가늘게 떨리면
서 짙은 우수가 묻어난다. 이제는 꽃이 지듯이 인생도 질 것이다. 나
에게 남아 있는 것이 무엇인가. 사랑하는 이는 떠나고, 그리움이 사무
쳐 죽는다고 해도 가슴에 켜켜이 남아 있는 한은 풀리지 않을 것이다.
여인은 시선을 떨어트려 한지에 쓰인 글자를 처연하게 내려다본다.

🌷 전라남도 부안군에 있는 매창공원의 시비

매창은 기생의 신분이었으나 후세에도 널리 알려질 정도로 시에서 천재적인 재능을 보였다. 매창공원에 있는 이 시조는 교과서에도 실렸다.

🌸 이화우 흩날릴 제

　울며 잡고 이별한 님

　추풍낙엽에 저도 날 생각는가

　천리에 외로운 꿈만 오락가락하노라

봄이 가면 꽃이 지고 세월이 가면 인생도 스러질 것이다. 그래도 시는 남겠지. 소리야 허공으로 흩어지면 그만이지만 종이의 글자는 백년이 가고 천년이 가도 사라지지 않을 것이다. 내 그리워하는 마음도 세세연년 변하지 않으리라.

매창은 37세에 요절한 천재시인이자 기생이다. 북쪽에 황진이가 있다면 남쪽에 매창이 있다고 알려진 여인으로, 기생으로서는 드물게 40여 편의 시가 남아 있어 예술가의 혼을 느낄 수 있다.

매창의 성은 이씨, 이름은 향금이다. 1573년(선조 6)에 태어나 1610년(광해군 2)에 37세라는 젊은 나이로 불꽃같은 삶을 살다가 세상을 버렸다. 자는 천향天香, 호는 매창梅窓이었다. 계유년에 태어났기 때문에 계생癸生, 계월癸月, 계랑桂娘이라고도 불렸다. 매창은 아버지 이탕종이 일찍 죽었기 때문에 어린 나이에 관기가 되었으나 10세 때에 이미 시를 지을 정도로 문학적 재능이 뛰어났다.

🌸 백운사 절에 걸어서 올랐더니　　　　　　步上白雲寺

　절이 흰 구름 사이에 있구나　　　　　　　寺在白雲間

　날이 저물어 스님이 흰 구름을 쓸고 있으니　百雲僧莫掃

　내 마음을 흰 구름에 줄 수가 없네　　　　心與白雲閑

매창이 10세 때에 지었다는 시다. 매창은 교방에서 기예를 배우면서 꿈 많은 소녀시절을 보내다가 부안의 관장에게 순결을 잃는다. 재능이 출중해도 한 번 기적에 오른 기생은 어쩔 수 없이 숙명을 받아들여야 했다. 그러나 부안의 관장에게 수청을 들고 순결을 바쳤으나 그가 떠나자 매창은 큰 충격을 받았다. 고을의 관장들은 언제나 새로 부임하고 임기를 마치면 떠나버렸다.

천재시인 선비와 천재시인 기생이 만나다

어린 매창의 순결을 가져간 관장이 떠나자 매창은 슬픔과 충격을 달래기 위해 시작詩作에 몰두하고 노래를 부르고 거문고 연주에 열중했다. 그녀는 많은 시를 짓고 거문고 연주가 일품이었기 때문에 소문이 한양까지 알려졌다. 매창의 명성이 높아지자 한양에서 불러 올려 경적에 소속시켰다. 매창은 이때 유희경을 만나게 된다.

부안기 계월이 시를 잘 짓고 거문고를 타고 스스로 호를 매창이라고 하였다. 뽑혀서 도성으로 올라오니 귀한 집 자제들이 다투어 맞이하여 수창하고 시를 짓게 했다.

《고금소총》에 수록된 기문(기이한 이야기)에 있는 기록이다. 기문에는 매창이 한양에 올라와 있을 때 세 선비가 찾아와 매창과 동침을 하려고 했으나 유씨 선비의 시가 뛰어나 그와 동침했다는 내용이 있다. 다음은 기문의 내용이다.

하루는 유씨 성을 가진 선비가 계월의 기방에 가니 이미 최씨 선비와 김씨 선비가 먼저 와서 풍류객으로 자처하면서 계월과 담소를 나누고 있었다. 계월이 세 선비에게 술을 대접하자 취기가 도도하게 오른 선비들은 다른 사람을 뿌리치고 동침을 하려고 계월에게 은밀하게 수작을 부렸다.

기문은 매창을 계월이라 쓰고, 세 선비는 성만 밝히고 이름은 쓰지 않고 있다. 그런데 계월을 차지하려는 세 선비의 각축이 치열하게 전개된다. 조선시대 기방의 풍속은 손님 한 명이 기생 한 명과 술을 마시는 것이 아니라 기생 한 명이 여러 손님들을 상대한다. 예를 들어 첫 번째 온 손님과 기생이 담배를 피우면서 한담을 나누고 있을 때 두 번째 손님이 온다. 기생은 두 번째 손님을 받지 않을 수도 있으나 대부분 방으로 맞아들이고 첫 번째로 온 손님도 썩 내키지는 않지만 합석을 허락할 수밖에 없다.

　"평안호平安呼(평안하시오)?"

　두 번째 손님은 방으로 들어오면서 먼저 와 있는 손님에게 인사를 건넨다.

　"평안호?"

　첫 번째 손님도 두 번째 손님에게 같은 인사를 건넨다. 기생은 하나인데 남자는 둘이니 자연스럽게 팽팽하게 긴장감이 흐른다. 두 번째 손님은 자리에 앉아서 담배 한 대를 피우면서 기생과 한두 마디 인사를 나눈다. 첫 번째 온 손님은 고까워도 참을 수밖에 없다. 이런 법도를 제대로 지키지 않으면 싸움이 일어나게 된다.

　"손에게 통할 말 있소."

　이내 두 번째 손님이 먼저 와 있는 손님에게 말한다.

　"무엇이오?"

　먼저 와 있는 손님이 퉁명스럽게 대꾸한다.

　"기생 단가 하나 들읍시다."

　"좋소이다. 나도 방금 청하려고 했소."

첫 번째 손님이 쾌히 허락하는 것이 기방의 법도다. 이런 법도를
지키지 않으면 크게 싸움이 일어나고 오입쟁이 노릇을 할 수가 없다.

"여보게 단가 하나 뽑게."

두 번째 손님이 기생에게 말하면 기생은 기다렸다는 듯이 단가를
뽑는다.

계월이 세 선비를 맞이했을 때도 이러한 풍속대로 세 사람이 인사
를 나누었을 것이다. 계월은 시와 거문고로 장안을 뒤흔들고 있는 명
기다. 계월을 차지하는 것은 남자들의 자존심이 걸린 문제여서 치열
한 쟁투가 벌어질 수밖에 없다. 세 선비가 다투어 계월에게 끈적거리
는 눈길을 보내자 계월이 눈치를 살피다가 제안을 했다.

"여자는 하나고 남자는 셋이니 풍류 장시를 지어 결정을 하는 것이
어떻겠어요? 만약에 저의 마음에 드는 시가 있다면 오늘밤에 그분을
모시도록 할게요."

계월이 추수처럼 크고 맑은 눈에 잔잔한 미소를 띠고 말했다. 풍류
장시라는 것은 기녀들의 사랑을 묘사한 시다. 천하절색으로 황진이
와 짝을 이룬다는 명기인 계월의 말에 세 선비는 귀가 번쩍 뜨였다.

"예를 들어 이런 시를 지어야 합니다."

계월이 세 선비의 동의를 구한 뒤에 먼저 시를 읊기 시작했다.

🌸 꽃 같은 여인의 팔은 천 사람의 베개요　　　　玉臂千人沈
　　붉은 입술은 만 명의 손님이 맛을 보았네　　　丹脣萬客嘗
　　너의 몸은 서릿발이 아니거늘　　　　　　　　汝身非霜刀
　　어찌 이다지 나의 애간장을 끊느냐　　　　　　何遽斷我腸

❀ 발은 삼경 달빛에 춤을 추고 　　　　　　　　足舞三更月

　　이불은 일진의 바람에 펄럭이네 　　　　　衾翻一陣風

　　이때의 무한한 맛은 　　　　　　　　　　此時無限味

　　오로지 두 사람이 같이 있을 때만 존재하네 　惟在兩人同

계월이 시를 읊자 선비들이 일제히 박수를 치며 환호했다. 최씨 선
비와 김씨 선비가 다투어 시를 읊었으나 계월은 마음에 들지 않아 시
큰둥했다. 이를 눈치 챈 두 선비가 다시 시를 읊었으나 여전히 계월
의 마음에 차지 않았다. 두 선비가 계월의 환심을 사기 위해 다투어
시를 읊는데도 유씨 선비는 콧방귀만 뀌고 있었다. 계월이 유씨를 재
촉하자 선비는 그때서야 마지못한 듯이 운자를 부르라고 하고 거침
없이 시를 읊었다.

❀ 봄 찾는 호탕한 선비 기운도 좋을시고 　　　探春豪士氣快然

　　비취 이불 속에서 아름다운 그대를 만났네 　翡翠衾中有好緣

　　흰 팔 베고 누우니 두 다리가 우뚝하고 　　撑去玉臂兩脚屹

　　붉은 구멍 꿰뚫으니 두 줄이 둥글고나 　　貫來丹穴兩絃圓

　　아름다운 눈을 보니 아득하기 안개 같고 　初春嬌眼迷如霧

　　장천을 쳐다보니 돈짝보다 작아 보이네 　漸覺長天小以錢

　　만약에 그 속에 자미를 논한다면 　　　　這裡若論滋味別

　　하룻밤 비싼 값이 천금이 되오리다 　　　一宵高價値千金

유씨 선비의 시는 호탕하고 막힘이 없었다.

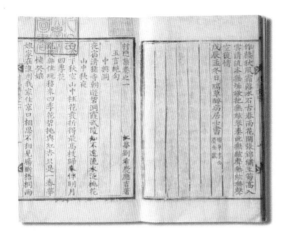

🌷 유희경의 촌은집

유희경은 평민에 지나지 않았으나 백대붕과 함께 당대의 유명한 시인이었다. 40세가 될 때까지 기생을 만나지 않았으나 매창을 만나자 깊은 사랑에 빠진다.

"이는 운자가 떨어지자마자 지은 것이었으나 침석 사이의 정태를 잘 형용하였을 뿐 아니라 글이 호방하고 웅건하니 반드시 범상한 재주가 아닐 것입니다. 원컨대 존함을 알려주십시오."

유씨 선비가 시를 읊기를 마치자 계월이 탄식하고 말했다

"나는 유모라는 사람이오."

"존공께서 이렇게 누추한 곳에 왕림하실 줄 몰랐습니다. 이제 다행히 만나 뵙는군요."

계월이 유씨 선비에게 절을 하자 김씨와 최씨 선비는 씁쓸한 마음에 입맛을 다셨다.

"당신네가 읊은 시는 차가운 물 한 바가지만도 못합니다."

계월이 두 선비에게 물러가라는 뜻으로 말하자 두 선비는 입을 다

물고 총총히 돌아갔다. 유씨 선비는 그 밤을 계월과 함께 지냈다. 그러나 이 기록은 야담류에 실렸기 때문에 정확하다고 볼 수는 없다. 유희경은 당대에 시로 명성을 떨쳤기 때문에 이와 같은 야담이 만들어졌는지 모른다.

젊은 시절 부안읍에서 노닐었는데, 그곳의 이름난 기생 계생은 유희경이 유명한 시인이라는 것을 이미 알고 있었다.

촌은집 행록의 기록으로 유희경은 부안에서 매창을 만난 것으로 되어 있다. 매창이 유희경에게 빠져든 것은 그의 시 때문이었다. 이미 시인으로 명성을 떨치고 있던 매창은 유희경의 시를 읽고 큰 감동을 받았다. 당시에 유희경은 백대붕과 함께 위항시인으로 전국적으로 명성을 떨치고 있었다. 매창은 부안 일대에서, 아니 조선 팔도에서 그와 같은 시를 지을 수 있는 인물은 유희경과 백대붕밖에 없다고 생각했다.

"일찍이 유대가와 백대가가 시로 명성을 얻고 있다는 말을 들었습니다. 유와 백 어느 어른이십니까?"

매창은 유희경을 만난 것을 꿈인 듯이 기뻐했다. 유희경이 자신의 이름을 말하고 시를 읊었다.

🌸 남쪽의 계랑 이름 널리 알려져서 　　　　曾聞南國癸娘名
　 글과 노래가 성을 무너트렸네 　　　　　詩韻歌詞動洛城
　 오늘에야 참모습을 대하고 보니 　　　　今日相看眞面目

134

선녀가 옷자락 날리면서 내려온 듯하구나　　　却疑神女下三淸

　　유희경은 매창을 처음 보았을 때 그녀가 삼청궁에서 내려온 선녀처럼 아름답다고 시로 칭송한다. 매창도 자신이 좋아하는 당대 제일의 시인을 만나자 감격스럽기는 마찬가지였다. 그녀는 유희경이 일대호걸이라면서 아낌없는 찬사를 시로 늘어놓았다.

❀ 그대는 장안의 일대호걸　　　　　　　雲是長安一代豪
　　그대의 발이 닿은 곳에 물결은 고요해라　　雲旗到處靜波濤
　　오늘 아침 신선의 일을 들었는데　　　　今朝部話神仙事
　　제비는 동풍을 맞아 지는 해에 높이 떴어라　燕子東風西日高

　　유희경과 매창은 이때부터 열렬한 사랑을 나누게 된다. 유희경은 기생을 가까이하지 않았으나 매창을 만나면서 깊이 빠져들었다. 매창은 노래를 잘 부르고 거문고를 잘 타는 18세 전후의 소녀였는데, 어느 사이에 중년의 나이에 가까워지고 있는 유희경에게는 다시 만날 수 없는 선녀였다.
　　매창에게 유희경은 전국적으로 명성을 떨치고 있는 위대한 시인이었다. 비록 평민 출신의 시인이라고 해도 그에 대한 그녀의 사랑은 불꽃처럼 타올랐다. 기문에 실린 계월의 이야기에서 보듯이 사랑하게 된 그들은 자유롭게 성을 이야기하고, 성을 소재로 시를 읊었다. 유희경과 매창의 사랑은 교과서처럼 플라토닉 했다기보다 오히려 에로틱했다. 이는 그동안 기생들이나 조선 여성들이 쓴 시에서 진일보

한 것이라고 볼 수 있다.

조선의 시는 당송을 표본으로 삼고 있었으나 유희경과 매창은 이러한 형식을 파괴하고 소재 면에서도 자유로웠다. 18세기 조선의 시단에 나타난 새로운 경향이었다.

🌸 기생의 아름다운 몸도 잠시 동안만 봄이라서　　　柳花紅艶暫時春
　고운 얼굴에 주름이 지면 의원도 못 고친다네　　撻髓難醫玉頰嚬
　선녀인들 외로움을 어찌 견디겠는가　　　　　　神女不堪孤枕令
　무산에 운우의 정 자주 내리세　　　　　　　巫山雲雨下來頻

무산에 운우를 자주 내리자는 것은 육체의 사랑을 자주 나누자는 것이다. 유희경이 이런 시를 자유롭게 쓸 수 있었던 것은 매창 또한 동의하고 있기 때문이다. 유희경에게 매창은 시인이자 육체의 사랑을 나눌 수 있는 여자였다. 매창은 이런 유희경을 절대적으로 사랑했다. 봄이면 복숭아나무 꽃가지를 흔들면서 꽃이 예뻐요? 내가 예뻐요? 하고 교태를 부리고, 꽃이 예쁘다고 말하면 오늘 밤 꽃하고 주무세요, 하고 눈을 흘긴다.

그러나 기생의 사랑은 늘 정착할 곳을 찾지 못한다. 유희경은 매창과 열렬한 사랑을 나누었으나 결국 떠나게 된다. 매창은 열흘만이라도 더 있어 달라고 부탁하지만 유희경은 아쉽게도 떠나 버렸다.

🌷 **매창공원에 있는 부안 명기 매창의 묘**

기생의 무덤은 흔치 않은데 매창의 무덤은 그 명성을 증명하듯 잘 보존되어 있다. 무덤 주위에 공원이 만들어져 여러 개의 시비가 세워져 있다.

떠나간 사람에겐 미련이 없으리

🌸 세상 일이 이와 같으니 내 심사가 쓸쓸하네   嗟嗟時事已如此

    그대 떠나면 반평생 배운 그림공부 계속하리라   半世功夫學畵油

    그대는 내일 아침 훌쩍 떠나간 뒤에   明日浩然歸去後

    어디선가 비단치마에 둘러싸여 노닐 테지   不知何地又羅遊

유희경은 매창에게 첫 번째 연인이었다. 아낌없이 사랑을 주었으나 님을 떠나 보내는 매창의 가슴은 구멍이 뚫린 듯했다. 매창은 유희경이 떠난 뒤에 비단치마에 둘러싸여 놀 것이라고 비난한다. 남자는 벌나비처럼 훌훌 날아다닐 수 있는데 반해 자신은 꽃처럼 한 곳에서 떠날 수 없는 것을 한탄하는 시이기도 하다.

유희경이 매창과 헤어지고 얼마 지나지 않아 임진왜란이 일어났다. 유희경은 이때 의병으로 출정하여 공을 세웠고, 평민이지만 정3품 벼슬에 오른다. 매창은 유희경이 떠난 뒤에도 사랑을 했을까. 그렇지는 않았던 것 같다. 매창은 유희경과의 사랑을 읊은 시를 남기지 않았다. 매창이 남긴 사랑의 시는 특정인을 거론하지 않고 있다. 어쩌면 기생이 높은 벼슬에 오른 유희경을 거론할 수 없었기 때문인지도 모른다. 오히려 유희경은 매창을 떠난 뒤에 그녀를 추억하는 많은 시를 지었다.

● 계랑의 집은 부안에 있고   娘家在浪州

  나의 집은 한양 어귀에 있어   我家住京口

  그리워도 서로 볼 수가 없네   相思不相見

  오동나무에 비 뿌리면 애가 타노라 腸斷梧桐雨

≪회계랑懷癸娘≫이라는 제목의 시다. 유희경은 매창과 헤어진 뒤에도 그녀를 사랑했던 것으로 보인다. 한양과 낭주(부안), 천릿길을 사이에 두고 떨어져 있지만 비가 오는 날 옛 연인을 생각하자 사나이의 철석같은 가슴에도 비가 내리고 애가 탄다. 왜 아니 그립겠는가. 땅거미가 어둑어둑 내릴 무렵, 가을비가 주룩주룩 내리는 날, 하얀 눈이 소복소복 내리는 깊은 겨울밤에는 헤어진 연인이 더욱 그립기 마련이다.

헤어진 사랑을 그리워하는 것은 매창도 다를 바 없다. 시와 노래로 조선에 명성이 높은 매창이지만 명성은 헛된 것이다. 기생이라는 신분은 바뀔 수 없는 법, 뭇 남자들에게 술과 웃음을 팔 때는 잊을 수 있었으나 혼자 외롭게 있을 때는 문득문득 헤어진 사랑이 떠오르고, 헤어진 사랑 때문에 눈물이 흘러내린다.

✿ 봄날이 차서 엷은 옷을 꿰매는데	春冷補寒衣
사창에는 햇빛이 비치고 있네	紗窓日照時
머리 숙여 손길 가는 대로 맡긴 채	低頭信手處
구슬 같은 눈물이 실과 바늘 적시누나	珠淚滴針絲

매창은 바느질을 하다가도 떠나간 임을 생각하면서 눈물을 흘린다. 그립고 보고 싶다. 기생의 신분만 아니라면 그에게 달려가고 싶다. 그러나 잊어야 한다. 한 번 떠난 남자는 다시 돌아오지 않는 법, 첫사랑을 가슴 한편에 묻어둔 채 매창은 새로운 사랑을 기다린다.

그리고 기다리던 그 남자, 이귀가 매창의 가슴속으로 성큼성큼 걸어 들어왔다.

불같이 찾아온 두 번째 사랑

이귀는 1557년(명종 12)에 태어나 율곡 이이와 성혼의 문하에서 수학해 문명을 떨쳤다. 1582년(선조 15) 생원이 되고, 일부 문신들이 이이와 성혼을 탄핵하자 여러 선비들과 함께 논변하는 글을 올려 스승을 구원했다.

1592년 강릉참봉康陵參奉으로 있을 때 임진왜란이 일어나자 어가御駕가 서행西幸한다는 소식을 듣고 의병을 모집해 황정욱의 진중으로 갔다가 다시 어가가 주재하는 평양으로 달려가서 대책을 아뢰었다.

이덕형과 이항복의 주청으로 삼도소모관三道召募官에 임명되어 군사를 모집, 이천으로 가서 세자 광해군을 도와 흩어진 민심을 수습했다. 이귀는 체찰사 유성룡을 도와 각 읍으로 순회하며 군졸을 모집하고 양곡을 거두어 개성으로 운반해서 서울 수복에 크게 기여하고 장성 현감, 군기시판관, 김제 군수를 역임했다.

이귀가 매창을 만난 것은 김제 군수로 부임했을 때였다. 김제와 부안은 이웃한 곳으로, 김제에서 잔치가 크게 열렸을 때 부안 기생 매창도 참여하여 이귀의 눈에 띄었다.

🌸 내 가슴에 흐르는 피로 님의 얼굴 그려내어
　　내 자는 방 안에 족자삼아 걸어두고
　　살뜰히 님 생각날 제면 족자나 볼까 하노라

이귀는 매창이 가야금을 타면서 노래를 부르자 무릎을 치면서 탄식했다.

'자색은 출중하지 않으나 재주는 짝을 찾기 어려운 여인이구나.'

이귀는 매창이 노래를 마치자 옆에 불러 술을 따르게 했다. 매창과 이야기를 나누어 보니 사서오경에 통달한 여인이었다. 매창도 이귀와 이야기를 나누면서 그가 강개하고 호방한 인물이라는 사실을 알게 되었다. 매창과 이귀는 그날로 사랑에 빠져 정을 나누었다.

매창은 이때 29세로 전해진다. 여자 나이 29세니 농염하게 무르익었을 때고 사랑에 목숨을 걸 수 있는 때였다. 매창은 이귀를 열렬하게 사랑했다. 유희경을 만났을 때와는 또 다른 정염이 불꽃처럼 타올랐다.

🌸 등잔불 그무러 갈 제 창窓 앞 짚고 드는 님과

　오경종伍更鐘 나리올 제 다시 안고 눕는 님을

　아무리 백골이 진토塵土 된들 잊을 줄이 있으리

시의 표현대로라면 그는 등잔불이 그물거릴 때 창 앞으로 찾아왔고 오경을 알리는 종을 칠 때 다시 매창을 안고 누웠다고 했다. 하룻밤에 두 번의 사랑을 나눌 정도로 그들의 사랑은 깊고 뜨거웠던 것이다. 그러나 시인의 사랑은 필연적으로 이별을 맞이한다. 이귀는 김제 군수에서 갈려 중앙으로 올라갔다. 1603년 정시 문과에 병과로 급제해 형조좌랑, 안산군수, 양재도찰방, 배천 군수를 차례로 역임하느라 사랑하는 여인을 돌볼 시간이 없었다. 그러나 이귀에 대한 매창의 사랑은 변함이 없었다.

홍길동전의 저자 허균은 그와 같은 사실을 1601년(선조 34) 7월 23일, ≪조관기행漕官紀行≫에 적고 있다.

창기 계생은 이귀의 정인情人이다. 거문고를 뜯으며 시를 읊는데 생김새는 시원치 않으나 재주와 정감이 있어 함께 이야기할 만하여 종일토록 술잔을 놓고 시를 읊으며 서로 화답하였다. 밤에는 계생의 조카를 침소에 들였으니 혐의를 피하기 위해서이다.

매창은 허균을 좋아했고 매창도 허균을 좋아했다. 그러나 정을 통하지 않았는데, 혐의를 피하기 위해서라고 한 것으로 보아 매창이 이귀에게 절개를 지키고 있었다는 사실을 알 수 있다. 이귀는 김자점, 김류 등과 인조반정을 주도한 뒤에 영의정까지 추증된다.

🌸 내 정령 술에 섞여 님의 소에 흘러들어
구곡간장을 마디마디 찾아가며
날 잊고 님 향한 마음을 다스리려 하노라

허균은 10년 동안 매창과 교분을 나누었으나 일정한 선을 두었다. 이는 이귀가 친구이기도 했고 매창의 시와 아름다운 영혼을 진심으로 좋아했기 때문이다. 매창도 허균과 정신적인 교분을 나누었다. 밤이 깊어 허균이 잠자리에 들려고 하자 자신의 조카를 침소에 들게 할 정도로 그들의 우정은 깊었다.

봉래산의 가을이 한창 무르익었으리니, 그대에게 돌아가려는 흥취가 도도하오. 그대는 성성옹(허균 자신을 가리킴)이 반드시 시골로 돌아오겠다는 약속을 어겼다고 웃을 거요. 그 시절에 만약 내 생각이 잘못됐더라면 나와 아가씨의 사귐이 어떻게 10년 동안이나 그토록 다정할 수 있었겠소. 이제 와서야 풍류객 진회해는 진정한 사내가 아니고 망상妄想을 끊는 것이 몸과 마음에 유익한 줄을 알았을 것이오. 어느 때나 만나서 하고픈 말을 다할는지, 종이를 대하니 마음이 서글프오.

허균이 매창에게 보낸 편지에서 알 수 있듯이 그들은 10년 동안이나 벗으로 사귀었다. 허균은 매창이 죽자 가슴을 저미는 듯한 슬픔을 느끼면서 시 2수를 지었다.

> 🌸 부용꽃 휘장에 불빛이 희미한데　　　　　燈暗芙蓉帳
> 　비취색 치마엔 향기 아직 남았어라　　　　香殘翡翠裙
> 　명년에 복사꽃이 활짝 피면　　　　　　　明年小桃發
> 　설도의 무덤을 그 누가 찾을 것인가　　　誰過薛濤墳

설도는 당나라의 유명한 여류시인이다. 허균은 매창을 설도에 비교하면서 그녀의 치맛자락에서 풍기는 향기까지 그리워하고 있다.

오입쟁이의
기생 신고식

유흥가의 풍경은 조선시대나 지금이나 크게 다를 바 없다. 현대의 유흥가에서 일하는 직업여성들이 돈을 벌기 위해 유흥가에 뛰어들었던 것처럼, 조선시대에도 가난 때문에 양가의 딸들이 종종 기생이 되었다. 이들은 대부분 사창에 소속되어 기생의 일을 하는데 우리가 알고 있는 것처럼 풍족하거나 화려하지만은 않았다. 황진이나 매창과 같은 기생은 드물게 존재했고 대부분의 기생들은 이름도 없이 밤이면 화려하게 피었다가 아침이면 시든 낙엽처럼 진다. 해가 지면 유흥가에 화려하게 네온사인이 밝혀지듯 기생들의 삶의 터전인 사창에는 청사초롱이 내걸리고 풍악이 울리기 시작한다. 이는 영업을 할 준비가 되었다는 뜻이다.

쓸쓸하다. 좁고 어두운 방 안으로 햇빛이 비집고 들어오는 오후의 시간이면 나는 쓸쓸하다. 창문을 열면 11월의 은행나무들은 노란 옷가지들을 아무렇지 않게 홀홀 벗어던진다. 그 모습은 밤마다 술에 취해 옷을 벗어던지는 우리의 모습과 닮아 있다. 오후의 햇살이 멀어져 간다. 한 평도 되지 않는 좁은 공간, 텍사스촌의 방에 어둠이 내리기 시작하면 우리는 진하게 화장을 하고, 담배를 물고, 호객을 할 준비를 한다.

이는 70년대 텍사스촌에서 우울한 청춘을 보냈던 사창가 여인이 남긴 수기다. 소수록에 있는 기생들의 모습과 크게 다르지 않아 유흥가 여성들의 어두운 삶을 보게 된다. 기생들은 해가 지기 전부터 화려하게 분단장을 하고 비단 치마저고리로 성장을 한다. 그런데 기문에 실린 부안 기생 계월의 이야기에서 살펴볼 수 있듯이 손님들이 기방에 들어가면 기생들은 신고를 해야 한다. 소수록에 기생과 오입쟁이(손님)가 희롱하는 모습이 자세히 실려 있다.

여러 손님이 앉아 있을 적에 기생이 들어와 인사를 하면 한 손님이 말한다.

"좌중에 통할 말 있소."

"예. 무슨 말이오?"

중치막을 떡 펼치고 앉은 나중 손님이 먼저 와 있던 손님에게 말한다.

"처음 보는 계집 말 묻겠소."

"같이 물읍시다."

손님들은 기생을 사이에 두고 웃으면서 희롱을 한다. 소위 기생에게 신고식을 받자는 말이다.

"이년아, 네가 명색이 무엇이냐?"

손님 중에 한 사람이 기생에게 묻는다.

"기생이올시다."

기생이 손님들의 눈치를 살피면서 대답한다.

"너 같은 기생은 처음 보았다. 머리에 똬리 자국이 있고 겨드랑이에 바구니 자국이 있는데 너 같은 기생은 처음 보았다. 이년아, 내려가 물이나 떠오너라."

손님이 기생의 뺨을 살짝 때린다. 머리의 똬리 자국과 겨드랑이의 바구니 자국은 여종이 물동이를 이고 바구니를 옆에 끼고 일을 할 때 생기는 자국이다. 그러니 네가 여종이지 기생이냐는 질문인 것이다.

"이래도 기생이냐?"

"기생이올시다."

기생은 자신이 틀림없이 기생이라고 대답한다.

"이년아 죽어도 기생이냐?"

"기생이올시다."

"네가 하 기생이라고 하니 묻겠다. 이름이 무엇이냐?"

"무엇이올시다."

"나이는 몇 살이냐?"

"열여섯입니다."

"그 나이를 한꺼번에 먹었다는 말이냐?"

"한 해 한 살씩 먹었습니다."

"그러면 꼽아라."

"한 해에 한 살 먹었고, 두 해에 두 살 먹었고, 세 해에 세 살 먹었고……."

"이년아 듣기 싫다. 시골이 어디냐?"

"어디올시다."

"노정기를 외라."

노정기는 기생이 시골에서 한양에서 올라온 길을 말한다. 어디에 살다가 무슨 사연으로 올라왔으며. 어디를 거쳐 왔는지 세세하게 고한다.

"서방이 누구냐?"

"서방님 성은 무엇이에요."

"그 서방 이름은 무엇이냐?"

"아모세요."

"그 서방님은 외입에 연조가 높으시거니와 너는 그 서방님과 사는 것이 당치 않으니 버려라."

"못 버리겠어요."

"왜 못 버리겠니? 버려라."

"못 버리겠어요."

"왜 못 버리겠니?"

"정이 들어서 못 버리겠어요."

"아따 이년아, 그동안 정이 들었어? 네가 정이 들었다고 하는데 대체 정이 어디 들었다는 말이냐?"

손님과 기생은 이제 말장난을 시작한다.

"뱃속에 들었어요."

"어디 보자. 어느 뱃속에 들었느냐? 옷이 가려서 네 년의 정이 보이지 않는다. 옷을 벗어서 정을 보여주어라."

손님이 말하면 기생은 겉치마를 벗는다. 물론 처음에는 보여줄 수 없다고 앙탈을 하는 시늉을 하지만 나중에는 못 이기는 체 응해 준다.

"이것이 정이야? 정이 없나 보구나."

손님이 기생이 입은 속치마를 탓한다. 속치마도 벗으라는 뜻이다. 옷을 더 벗으라는 말보다도 정을 보자는 말이 운치가 있다. 기생은 이번에는 단속곳을 벗고 홑속곳만 입고 서 있다.

"이년아, 이것이 정이냐? 내 눈에 정이 보이지 않는데 어디 있다는 말이냐?"

손님이 다그치면 기생은 홑속곳 끈을 푼다.

"이년아, 두 손 떼어라."

속옷 하나만 입고 있어도 기생의 중요한 부위는 보이지 않는다. 손님의 말에 기생은 속곳을 입에 문다. 속곳에서 손을 떼라니 입에 물고 중요한 곳을 감춘다. 손님은 기생의 속곳이 가린 음호를 보기 위해 속곳을 확 젖힌다. 기생이 깜짝 놀란 시늉으로 주저앉고 손님들은 왁자하게 웃음을 터트린다.

"정이 뱃속에 가득 들었나보다. 그 서방님 모시고 오래 살아라."

손님은 비로소 기생에게 담배 한 대를 붙여준다. 그런데 이런 신고식은 어쩌다가 일어나는 일이 아니라 하룻밤에도 몇 번씩 일어나는 일이라고 소수록은 기록하고 있다. 기생들 중에 우는 여자가 있으면 뺨을 때리기도 한다. 현대의 룸살롱 풍속과 무엇이 다른가. 기루에서 술과 웃음을 파는 기방풍속의 어두운 측면이다.

사흘의
사랑을 가슴에 품고

성주 기생 성산월

민제인은 1493년(성종 24)에 태어나 1549년(명종 4)에 졸한 조선 전기의 인물로 역사와 문장에 능하고 좌찬성을 지낸 인물이다. 젊었을 때부터 문장으로 이름을 날렸으나 과거에 번번이 실패했다. 하루는 과거에 낙방하여 쓸쓸하게 고향으로 돌아가다가 남대문 밖에 이르렀는데, 차마 걸음이 떨어지지 않아 언덕에 올라가 노래를 불렀다.

🌸 강을 따라 강물을 거슬러 올라가며 　　　　　　遡江濱而遡流

한없이 도도하게 흐르는 것을 탄식하네　　　　　　嘆滔滔之無窮

소정방이 용을 낚은 옛 바위에 이르니　　　　　　臨釣龍之古巖

용틀임 하던 예전의 자취를 짐작하겠네　　　　　　認蜿蜿之遺跡

백마강부라는 제목의 부賦(한문 문체의 하나. 적벽부가 유명하다)의 앞 구절
이다. 소정방이 백마를 미끼로 용을 낚았다고 하여 '백마강'이라고 부
르는 금강의 이 전설은 백제의 혼을 낚았다는 의미가 있어서 이를 안
타까워하는 시인들이 즐겨 읊었다. 민제인이 백마강과 낙화암을 살
피면서 백제의 멸망과 인생의 무상함을 부로 노래한 것이다. 그는 스
스로 이 시의 부는 일세를 풍미할 만하다고 자부하고 있었는데 선배
들이 차중次中(보통)이라고 평가절하를 하여 언짢아했다고 한다.

기생은 선비를 알아보고

때는 봄꽃이 만개하고 잎잎이 푸른 수양버들이 휘휘 늘어진 양춘
가절이었다. 봄 경치에 취했는가. 민제인은 처음에는 울적한 마음을
달래려고 백마강부를 읊었으나 시간이 흐를수록 자신의 노래에 빠져
들어갔다. 화란춘성하고 만화방창이다. 꽃피는 호시절이라 벌나비는
쌍쌍이 날아들고 새들이 나뭇가지 사이를 날아다니며 우짖었다.

이때 한 기생이 한강에서 유선놀이를 하는 고관들의 잔치에 초대
를 받아 남대문을 나서고 있었다. 기생은 녹의홍상(초록색의 저고리와 다홍
치마)으로 성장을 하고 나귀를 타고 있다. 앞에는 고삐를 잡은 동자요,

뒤에는 거문고를 등에 진 노복이 따르고 있다. 화사한 전모(기생들이 쓰는 모자) 아래 분단장을 한 옥용이 하늘에서 내려온 선녀인 듯 아름답고 초승달 같은 아미에 추수 같은 눈이 서늘하다. 기생은 나귀에 옆으로 앉아 자신을 구경하는 행인들을 오시한다.

"성산월이야."

"한양 제일의 기생이라고 하더니 명불허전일세."

기생의 나들이를 구경하는 행인들이 탄식을 했다. 기생은 그런 행인들을 도도한 눈빛으로 쓸어보면서 남대문을 나서 한적한 길로 들어섰다.

그때 어디선가 선비의 비탄에 잠긴 노랫소리가 시원한 바람결에 섞여 들려왔다. 기생이 수양버들 가지를 걷고 언덕을 바라보니 살빛이 희고 고결하여 신선과 같은 풍채의 한 선비가 눈처럼 하얀 도포자락을 펄럭이면서 한가하게 부채를 흔들며 부를 읊고 있었다. 그가 부르는 백마강부는 더없이 슬프면서도 창저(彰著)했다. 그의 소리가 어찌나 처량하고 비장한지 기생은 가슴이 먹먹해져 왔다.

'임풍옥수로구나. 무얼 하는 선비이기에 저토록 비장한 부를 읊고 있는 것인가?'

기생은 자신도 모르게 언덕으로 올라가 민제인에게 인사를 했다.

"소인은 한양의 천기 성산월이라고 합니다. 선비는 어디서 오신 분이기에 이 적막한 언덕에서 홀로 부를 읊고 계십니까?"

성산월이 낭랑한 목소리로 물었다. 민제인은 눈앞에 나타난 여인을 보니 마음이 환해지는 기분이었다. 화려하게 성장을 하고 전모를 썼으니 기생이요, 천연하고 아름다운 자태는 눈이 부시게 아름다운

151

선녀라.

'경국지색이 있다고 하더니 참으로 아름답구나. 중국의 4대 미인이 환생했다고 해도 믿지 않을 수 없을 것이다.'

민제인은 감탄하여 입이 떨어지지 않았다. 중국에는 4대 미인이라는 서시, 양귀비, 초선, 왕소군이 있다. 초선은 삼국지 속의 인물이지만 이들에 대한 고사성어도 적지 않다.

헌서시지계^{獻西施之計}는 미인계를 말한다. 월왕 구천이 오왕 부차에게 패하여 와신상담하면서 복수를 하기 위해 준비한 작업 중 하나가 범려가 서시를 바쳐 오왕 부차를 방탕하게 만드는 미인계였다. 서시효빈^{西施效嚬}은 가슴앓이를 하고 있던 서시가 언제나 눈을 찡그린 데서 비롯된 고사성어다.

중국의 4대 미인에는 각각 별칭이 있다. 서시는 너무나 아름다워서 물고기가 헤엄치는 것조차 잊고 물속으로 가라앉았다고 하여 침어^{沈魚}라고 하고, 왕소군은 그녀의 미모에 기러기가 날갯짓을 하는 것을 잊어버리고 떨어졌다고 하여 낙안^{落雁}이라고 불린다. 삼국지에 등장하는 초선은 그녀의 미모에 달이 부끄러워 구름 속에 숨었다고 하여 폐월^{閉月}이라고 부른다. 양귀비의 미모는 꽃이 부끄러워 고개를 숙였다고 하여 수화^{羞花}라고 부른다. 이들을 통칭하여 미인을 말할 때 침어낙안 폐월수화라고 부르는 것이다. 민제인은 성산월이라는 기생이 그처럼 아름다웠다.

"선비께서는 어찌 대답을 하지 않으십니까?"

민제인이 넋을 잃고 있자 성산월이 살포시 웃으면서 대답을 재촉한다.

🌷 **부여 낙화암의 백화정**
3천 궁녀가 뛰어내렸다는 전설이 깃든 낙화암 위에 세워진 이 정자는 조선시대 민제인의 백
마강부로 더욱 유명해졌다. 왕조의 흥망과 인생의 무상함이 느껴지는 천년 세월을 빗긴 나
무들도 백제의 옛 영화를 말해 주는 듯하다.

"나는 여흥(여주) 사람으로 과거에 낙방하고 고향으로 돌아가는 낙

방거사요."

"그래서 부가 처연한 것입니까?"

성산월이 생긋 웃으며 말하는데 요괴가 환생한 것이 아닐까 싶었

다. 치맛자락을 봄바람에 하늘거리며 머리에 쓴 전모를 살짝 뒤로 젖

힌 품새가 장안에 이름이 높아서 웬만한 선비는 거들떠보지도 않을

것처럼 도도해 보였다.

"이번 급제자의 글들이 모두 내 글만 못한데 내가 낙방하였으니 알

수 없는 일이오."

민제인이 넋두리를 늘어놓았다.

"정녕 억울하시면 다시 한 번 읊어보시지요. 비록 천한 기생이지만 약간의 글을 읽은지라 선비님의 부가 정녕 걸작인지 품평을 해 보겠습니다. 선비님께서 탓하지 않으신다면 말입니다."

"정히 그렇다면 한번 들어보시오."

기생이라 내외할 일도 없고 인적 없는 언덕이다. 민제인이 낭랑한 목소리로 부를 읊기 시작했다.

🌸 백제의 왕기는 연기와 안개 같이 허공으로 사라지고　　扶蘇王氣烟霧空兮
　　낙화암 아래 강물은 동쪽으로 흐르는구나　　　　　洛花巖下江波東兮
　　검은 동풍이 일어 손은 배를 돌리고　　　　　　　鴉札東風客回棹兮
　　멀고 아득한 봄 시름을 방초에 맡기도다　　　　　茫茫春愁寄芳草兮

민제인이 읊은 백마강부에 크게 감동한 성산월은 민제인에게 고향으로 돌아가지 말고 한양에 그대로 머물러 달라고 부탁했다. 그러나 민제인은 과거도 끝나고 여비도 다 탕진했으니 머물 길이 없노라고 쓸쓸하게 말했다.

"그런 일이라면 걱정하지 마십시오. 첩에게 약간의 재물이 있으니 선비님을 봉양하는 데 지장이 없습니다. 첩의 집으로 함께 가시지요."

성산월은 대담하게 민제인을 집으로 초대했다.

"그대는 고관의 잔치에 부름을 받았는데 참여치 않으면 벌을 받을 것이 아니요?"

"벌이라면 첩이 받을 것입니다. 선비께서는 심려하지 마십시오."

성산월이 단호하게 말했다.

'아름답다. 마치 요괴에 홀린 것 같구나.'

성산월의 아름다운 용모에 취한 민제인은 그녀의 뒤를 따랐다. 성산월이 나귀를 타고 남대문으로 다시 들어가자 사람들이 걸음을 멈추고 구경을 했다. 그 옆에는 남루한 차림의 선비가 따르고 있었다.

"첩이 정식으로 인사 올리겠습니다."

집에 도착하자 성산월이 깨끗한 방의 상석에 민제인을 앉게 한 뒤에 절을 올렸다.

"내가 이리 폐를 끼쳐도 괜찮은지 모르겠소."

민제인은 당혹스러워 어쩔 줄을 몰라 했다.

"첩이 오랫동안 마음속에 사모한 분이니 괘념치 마세요."

성산월은 여종에게 술상을 들이라고 이른 뒤에 민제인의 본관과 고향을 묻고 은밀한 눈길을 보냈다. 목소리는 옥이 굴러가는 것 같고 선연한 두 개의 눈동자는 그를 빨아들일 것 같았다. 술상이 들어오자 성산월이 이것도 인연이라면서 섬섬옥수로 술을 따랐다. 한 잔 두 잔 술잔을 주고받고 그윽한 눈길이 오고 갔다.

두 남녀는 마침내 깊은 사랑에 빠져들었다. 운우란 무엇인가. 구름이 일고 비가 내린다는 뜻이다. 민제인과 성산월은 한 몸이 되어 운우를 즐겼다.

"낭군께서는 첩의 치맛자락에 백마강부를 적어 주소서."

민제인이 성산월의 집에 머문 지 사흘이 되었을 때 그녀가 말했다.

"허허. 치맛자락에 어찌 글을 쓴다는 말이오?"

"예부터 선비가 기생의 치맛자락에 글을 쓰는 것은 흉이 아니라 풍류라 하였습니다."

성산월이 하얀 이를 가지런히 드러내며 웃었다. 내가 요괴에게 홀린 것인가. 민제인은 기이한 일이라고 생각하면서 문방사우를 준비했다. 성산월도 빠르게 스란치마를 벗고 하얀 속옷 차림이 되었다. 민제인은 성산월의 속치마에 백마강부를 빽빽하게 적어 주었다.

"낭군께서 저의 집에 계속 머물면 사람들이 탕자라고 할 것입니다. 이것을 팔아 여비를 마련하여 여관에 머무소서."

성산월이 은비녀와 패물을 주면서 민제인에게 말했다. 민제인은 축객령을 내리는 성산월을 이해할 수 없었다. 장안을 뒤흔들고 있는 명기와 보낸 꿈결 같은 사흘이었다. 그 몽롱한 황홀경에서 아직 깨어나지도 않았는데 성산월이 축객령을 내린 것이다.

'내가 비록 기생으로 명성을 얻었다고 하나 전도양양한 선비를 방탕에 빠트릴 수는 없다.'

성산월은 민제인의 얼굴을 그윽한 눈빛으로 바라보았다. 아름다운 청년이니 그와 함께 있고 싶고, 그의 품속에서 노닐고 싶다. 그러나 민제인은 평범한 선비가 아니다. 머릿속에는 천하를 경영할 만한 학문이 있고 가슴속에는 바다처럼 넓은 도량이 있다. 사랑하지만 그를 떠나보내야 했다.

"속히 걸음을 재촉하소서. 이원(기루)은 젊은 선비가 머물 곳이 아닙니다."

성산월이 재촉을 했다. 성산월이 축객령을 내리자 민제인은 이원에서 나와 남대문 근처의 여관에 숙소를 정했다.

성산월은 민제인을 보내고 가슴속으로 울었다.

🌷 연당의 여인

오른손에는 생황을 들고 왼손에는 장죽을 들고 마루에 걸터앉아 있는 기녀의 모습이 서정적
이다. 한가하게 시간을 보내고 있는 기녀의 모습에서 외로움과 애환의 감정이 느껴진다.(국
립중앙박물관 소장)

🌸 우러러보고 내려다보며 고금의 일 더듬으니　　　撫古今於俛仰

　　흥망성쇠의 무상함을 알겠네　　　　　　　　　　感興不之不常

성산월은 민제인의 백마강부를 몇 번이고 다시 읊어 본다. 흥망성

민제인의 입암집

1~5권은 시, 6권은 부賦·사辭·잠箴·명銘, 그리고 문文 2편이다.
성산월과 단 사흘 동안의 사랑을 나눈 민제인은 아름다운 글을 많이 남
겼다.

쇠의 무상함을 알겠네, 하는 구절이 자신의 이야기를 하는 것 같아
눈물이 저절로 흘러내렸다.

성산월은 문장과 가무가 모두 뛰어나 고관들의 연회에 자주 초대
를 받는 조선 제일의 명기이지만 진정으로 사랑한 사람은 만날 수 없
었다. 드디어 존경할 수 있는 낭군을 만났지만 그를 떠나 보내야 했
고 백마강부만 읊조릴 수밖에 없었다.

민제인의 백마강부는 짧지만 장쾌하다. 경종 3년에 중국 사신이 조
선의 문장을 보기를 원하자 나라에서 엄격하게 선발한 부 중에는 민
제인의 백마강부가 선정되었을 정도로 빼어난 작품이었다.

소인배는 미인을 가질 수 없는 법

성산월은 원래 성주 출신이었는데 재주와 용모가 출중하여 선상기로 뽑혀 한양으로 올라온 기생이었다. 성산월은 꽃 같은 용모가 조선 제일이고, 가무가 일품이었다. 성산월이 거문고를 타면 학이 날아와 들고, 노래를 부르고 춤을 추면 뭇짐승들이 몰려와 귀를 기울였다. 장안의 세력가와 호걸들은 단 한 번만이라도 성산월을 안기 위해 몸살을 앓을 정도였다.

하루는 성산월이 고관들이 주최하는 상춘맞이 한강의 선유놀이에 참가하게 되었다. 장안의 유명한 고관들과 기생들이 참여한 선유놀이는 한낮부터 시작되어 밤이 깊을 때까지 흥겹게 계속되었다.

성산월은 잔치가 파장이 되어 가자 슬그머니 자리에서 빠져 나와 집으로 향했다. 그러나 남대문에 이르자 이미 성문이 닫혀 들어갈 수가 없었다.

'낭패로구나. 이를 어찌하지?'

마침 비까지 주룩주룩 쏟아지기 시작하여 우장을 준비하지 않은 성산월은 비를 흠뻑 맞았다. 캄캄한 빗속에서 인가를 찾아 헤매는데 저 멀리 연당(연못) 서쪽에서 불빛이 희미하게 흘러나오고 있는 것이 보였다.

성산월은 비를 맞고 달려가 창 밑에 이르렀다. 안에서는 선비가 글을 읽은 소리가 들리고 있었다. 성산월이 창문을 두드리자 젊은 선비가 문을 열고 내다보았다.

"저는 장안의 기생인데 양반들의 선유놀이에 불려왔다가 비를 만났습니다. 비가 그칠 때까지 쉬어 가기를 청합니다."

성산월이 낭랑한 목소리로 선비에게 청했다. 성산월을 본 선비는 깜짝 놀랐다. 선녀가 인간 세상에 내려온 것인가. 그러잖아도 절색인 성산월은 비까지 맞아 처연한 요기를 뿜고 있었다. 선비는 비가 오는 한밤중에 화려하게 단장을 한 요염한 여인이 문을 두드리자 요괴라고 생각했다.

"요괴가 어디라고 감히 사람을 희롱하려고 하느냐? 썩 물러가라!"

선비는 얼굴이 하얗게 변해 성산월에게 호통을 쳤다.

"요괴라니 그 무슨 말씀이오?"

성산월이 어이가 없어서 차갑게 내쏘았다. 멀쩡한 여인을 요괴라니 기생이라고 멸시하는 것이라고 생각했다.

"야심한 시각에 선비가 글 읽는 방문을 두드리는 묘령의 여인이 요괴가 아니고 무엇이겠느냐?"

선비는 문을 쾅 닫고 임랑(구슬이 부딪치는 듯한 맑은 목소리)하게 옥추경玉樞經(귀신이나 요괴를 쫓는 경전)을 외기 시작했다. 아무리 문을 두드리고 사정을 해도 문을 열어주지 않아, 성산월은 빗속에서 오들오들 떨면서 밤을 새울 수밖에 없었다. 이튿날 날이 밝아서 그곳을 떠나려고 하자 성산월은 선비가 괘씸했다.

"이 불쌍한 서생아, 장안의 명기 성산월이라는 이름을 들어본 일이 있느냐? 내가 바로 성산월이다. 평소 같았으면 너 같은 서생이 감히 나를 만날 수나 있을 줄 아느냐? 내가 비를 만나 애걸을 했는데 거절했으니 너는 복 없는 사내로다!"

성산월은 창문을 두드리고 선비에게 호통을 친 뒤에 떠났다. 뒤늦게 사실을 알게 된 선비는 자신의 안목을 탓했으나 이미 떠나버린 배였다. 성산월을 알아보지 못한 선비는 첨정 김예종인데, 훗날 이 일을 두고 풍류객들의 조롱을 받았다.

성산월은 선비에게 호통을 칠 정도로 자부심이 강하고 당당한 기생이었다.

장원급제하게 한 사랑

성산월은 민제인을 집에서 내보낸 다음 날 고관들의 잔치에 초대를 받았다. 고관의 아들이 과거에 장원급제하여 크게 잔치를 열고 있었다. 장안의 내로라하는 기생들이 모두 몰려와 춤을 추고 노래를 불렀다. 이내 성산월의 차례가 되었다. 성산월이 민제인의 백마강부를 부르자 만장한 고관들이 모두 넋을 잃고 귀를 기울였다.

"부가 참으로 훌륭하다. 제목이 무엇인가?"

성산월이 노래를 마치자 고관들이 물었다.

"백마강부입니다."

"누가 지은 것인가?"

"첩이 마음속으로 사모하는 선비가 지은 것입니다."

"그 선비는 무엇을 하는 사람인가?"

"이번에 과거에 응시했다가 낙방한 선비입니다. 그가 지은 부인데 한번 살펴보십시오."

성산월이 치맛자락에 적힌 백마강부를 보여주었다. 고관들이 살펴자 다시없는 훌륭한 시였다.

"아아, 우리가 급제자를 잘못 뽑은 것 같으니 주상 전하께서 후
정시(추가 과거로 문과 별시라고도 한다)를 실시할 수 있도록 주청을 드려
야겠소."

고관들이 백마강부를 다시 읽고 찬탄을 하여 임금에게 후정시를
실시할 것을 건의했다. 이에 중종이 후정시를 실시하자 민제인이 장
원으로 급제했다. 민제인의 백마강부는 동문선에 전문이 실려 있다.

그럼 성산월은 이후 어찌되었을까. 그녀는 민제인과 사흘 동안의
짧은 사랑을 나누고 헤어졌다. 민제인에게 다시 과거를 볼 기회를 만
들어 주었으나 그는 장원급제를 한 이후 성산월을 찾아가지 않았다.

'사랑은 뜬구름 같은 것이야.'

성산월은 기생과 선비의 사랑이 얼마나 부질없는 일인지 잘 알고
있었다. 이후 그녀는 한 사람의 양반을 선택하여 사랑을 하지 않았고,
수절을 하지도 않았다. 그녀는 만인의 연인이 되는 길을 택했다. 성산
월은 오랜 세월 조선 제일의 명기로 명성을 떨치면서 살다가 말년에
장흥 부자의 첩이 되었다.

장흥에 돈 많은 창고지기가 있었는데 재물을 이용해 성산월을 첩으로 삼
았으므로 명성이 조금 떨어졌다.

《어우야담》에 실린 기록이다. 성산월은 현실적인 선택을 하여
죽을 때까지 부귀와 영화를 누렸다. 기생들은 젊었을 때 벼슬이 높거
나 부귀한 양반을 만나 첩실이 되지 않으면 늙어서 병들고 쓸쓸한 삶

을 살게 되는데, 성산월은 창고지기라는 돈 많은 중인을 선택하여 편안히 생을 마쳤다.

기생의 사랑

치마 걷고 진수라도 건너리라

조선시대 기생들은 양가의 여자들과 달리 많은 남자들을 만날 수 있었다. 당대의 여인들은 남정네하고는 눈도 마주치지 못하고 말도 건네지 못했다. 옷깃이라도 스치는 날이면 음란하다고 수모를 당하는 시대였다. 그래서 음란한 여인이나 상황을 이야기 할 때 '치마 걷고 진수라도 건너리라.'는 시경 정풍편에 나오는 건상^{蹇裳}(치마 걷고)이라는 시가가 자주 인용되었다.

그대가 나를 사랑하다면 나는 치마 걷고 진수^{蹇水}라도 건너가리라
그대가 나를 사랑하지 않는다면 세상에 남자가 너뿐이랴
이 바보처럼 어리석은 녀석아

시경의 이 시는 진정으로 사랑하면 치마를 걷고 강을 건너 따라가겠다는 것인데 조선시대는 이 시를 음란한 시라고 규정했고, 이러한 관념이 조선시대 사대부들의 정신세계를 관통했다. 이러한 상황에서 기생들은 남자들을 자유롭게 만날 수 있었고, 자유롭게 술을 주고받을 수 있었다. 기방에서 시작된 사랑이 진실한 사랑일 리는 없었다. 이들의 사랑은 대개 하룻밤의 불장난으로 끝나기 일쑤였다. 그렇다면 성산월은 왜 민제인을 사랑한 것일까. 민제인은 성산월의 미색에 끌렸으나 결코 천한 기생으로 취급하지 않았다. 성산월은 자신을 인격체로 예우하는 민제인에게 깊은 사랑을 느낀 것이다.

기루에 자주 출입하고 기생놀음을 좋아하는 사람을 '풍류객'이라고 부른다. 조선의 풍류객으로는 심용이라는 인물이 가장 유명한데, 그의 주위에는 항상 기생들이 들끓었다. 그렇다면 기생들이 스스로 따르게 만든 심용의 매력은 어디에 있는 것일까. 이는 심용이 기생을 노류장화로 보지 않고 인격적으로 대했기 때문이었다.

진정한 사랑은 부귀와 지위, 귀천을 따지지 않는다. 18세기 한양에 김이라는 왈자가 있었다. 그는 하는 일없이 빈둥거리는 한량이었는데도 기생들은 그가 노래를 부르라면 노래를 부르고 춤을 추라면 춤을 췄다. 김이가 나타나면 어떤 기생이든지 즐겁게 맞이하고 잔치가 흥겨워졌다. 김이는 평생을 기생들의 치마폭에 파묻혀 살았다. 그가 죽을 때가 되자 소위 협사들이 몰려와 기생들에게 사랑받는 비결을 가르쳐 달라고 청했다. 김이는 주위 사람들을 모두 물러가게 한 뒤에 오직 한 사람에게만 은밀하게 말했다.

"여로^{如奴}."

여로는 자신을 종과 같이 하라는 뜻이었다. 김이가 기생들로부터 환영을 받은 이유도 기생들을 인격적으로 대우해 주었기 때문이었다.

일타홍은 금산 출신의 기생으로 조선 중기의 문신 심희수를 사랑했다. 심희수는 젊었을 때 학문을 소홀히 하고, 고관들의 잔치에 거지꼴로 나타나 기생을 희롱하는 것을 즐겼다. 심희수가 하루는 고관의 잔치에 갔다가 일타홍을 보았다. 자색이 뛰어난 일타홍에게 한눈에 반한 심희수가 구애를 하자 일타홍도 싫어하지 않았다. 일타홍은 모든 정성을 쏟아 내조하였고, 심희수는 과거에 급제하고 벼슬이 재상에 이르게 되었다. 여러 해가 지나 심희수가 전라관찰사가 되어 부임하게 되었을 때 일타홍은 병에 걸려 죽음을 앞두고 있었다.

"혹시 저의 관이 금강을 지날 때 비가 내리면 저의 눈물이라고 생각하십시오."

일타홍은 끝내 유언을 남기고 세상을 하직하고 말았다. 심희수는 슬퍼하면서 일타홍의 관을 싣고 금강을 건너는데 과연 비가 내렸다. 심희수는 애통해하면서 시 한 수를 지었다.

금강에 내리는 가을비가 붉은 명정을 적시는 것은	錦江秋雨丹旌濕
영영 헤어지는 정인이 흘리는 눈물이라네	疑是佳人化淚歸

심희수와 일타홍의 사랑은 수없이 윤색되고 재구성되어 많은 문헌에 남아 있다. 한낱 기생이었던 일타홍은 악동이었던 심희수를 학문에 정진하게 내조했고 심희수는 그런 일타홍을 죽을 때까지 사랑했다.

조선 후기의 문신 이광덕은 젊었을 때 관북지방 암행어사가 된 일이 있었다. 자신의 정체를 숨기느라고 변복을 하고 함흥에 들어갔는데 가련이라는 어린 기생이 눈치를 채는 바람에 소문이 나고 말았다. 이광덕은 가련을 잡아들여 죄를 주려다가 어린아이가 영특하자 한시를 지어주고 작별했다. 가련은 마음속으로 이광덕을 깊이 사랑하여 성인이 된 뒤에도 절개를 굳게 지켰다. 여러 해가 흘러 이광덕이 정주로 귀양을 오자 가련이 찾아와 아침저녁으로 모든 시중을 들었다. 이광덕은 귀양살이가 길어져 4, 5년 동안 정주에 머물렀으나 가련과 동침을 하지 않았다. 가련은 그럴수록 더욱 이광덕에게 깊은 사랑을 느꼈다. 이광덕은 가련에게 다른 사람의 첩이 되어 살 것을 권했으나 가련은 듣지 않고 밤이 되면 제갈공명의 출사표를 학이 우는 것 같은 소리로 읊어 이광덕을 위로했다.

함흥의 여협은 머리에 실이 가득한데	咸關女俠滿頭絲
나를 위해 출사표를 높이 부르네	爲我高歌兩出師
읊다가 세 번 초려를 찾은 곳에 이르면	唱到草廬三顧地
귀양온 신하의 눈물이 만 줄로 흐르네	遂臣淸淚萬行垂

이광덕은 유배가 해제되자 비로소 가련과 잠자리를 같이 했다. 실로 5년 만에 사랑하는 남녀가 운우를 나누게 된 것이다. 가련과 헤어지게 된 이광덕은 한양에 도착하면 가련을 부르겠다고 했으나 얼마 되지 않아 갑자기 병으로 죽었다. 이광덕에게서 소식이 오기만을 기다리던 가련에게는 청천벽력과 같은 일이었다. 가련은 이광덕이 죽었다는 소식을 듣자 통곡을 한 뒤에 정인의 제사를 지내고 자진했다. 가련의 부모는 그녀가 이광덕의 소식을 기다리던 길가에 묻어 주었다.

여러 해가 지났을 때 어사 박문수가 지나가다가 그 이야기를 듣고 함관〈여협가련지묘咸關女俠可憐之墓〉라는 비석을 세워 주었다.

제3부

秋는 영혼이다

세상을 향해 뛰는 가슴을
가졌던 여인들

군복을 입은 기생,
결사대를 조직하다

가산 기생 연홍

물고기는 조용하고 가을 강은 차가운데 　　　　魚龍寞寂秋江冷
사람들은 서풍 속에서 중선루에 오르네 　　　　人在西風仲宣樓

　이 시는 석북 신광수의 〈관상융마〉라는 시의 서두로, 조선시대에
널리 애창되었던 노래다. 신광수는 시를 짓고, 그가 사랑했던 평양 기
생 모란이 노래를 불러 크게 명성을 떨쳤다. 당대에 이미 평양의 모
든 기생들이 불러 유행가가 되었고, 그가 죽은 뒤에는 전국적으로 불

리게 되었다. 산광수의 시도 훌륭하지만 이를 노래로 불러 평안도 일대에 널리 유행시킨 모란은 짝을 찾기 어려울 정도의 가창 실력을 갖고 있었다.

기생들은 각 지방마다 특색이 있다. 안동지방의 기생은 퇴계 이황의 영향을 받아 대학을 줄줄이 외고, 관동의 기생은 송강 정철로 인해 관동별곡을 잘 불렀다. 국경 지방인 의주 기생과 북청 기생은 말을 잘 타고 무예에 능했다.

주세붕은 명종 때의 유학자로 안동의 청량산에서 기생들을 불러 논 적이 있었다. 그는 늙은 기생 탁문아에게 대학을 두 번이나 외게 했다. 주세붕은 탁문아의 대학을 외는 소리를 들으면서 예전의 느낌이 있다고 하였으니 탁문아가 이미 대학을 외운 적이 있다는 사실을 알 수 있다.

어린 기생이 송강의 관동별곡을 불렀는데 소리가 청아하여 듣는 사람들의 마음을 상쾌하게 했다.

신익성이 금강산에 올랐다가 양양에 들렸을 때 부사가 잔치를 베풀었는데, 어린 기생이 관동별곡을 잘 불렀다고 기록해 놓았다.

함흥 기생 가련이 84세에 출사표를 외웠는데 한 자도 틀리지 않았다.

정조시대 남인의 영수인 채제공의 ≪번암집≫에 있는 기록이다. 가련은 이광덕과의 사랑으로 유명한 기생이다. 이광덕은 함흥에서 유배생활을 하면서 가련이 문밖에서 부르는 출사표를 듣고 안타까워했다. 가련이 문밖에서 출사표를 부른 것은 유배를 온 이광덕이 스스로 죄인이라고 자처하여 기생을 가까이 하지 않은 탓이다. 가련은 출사표를 통해 제갈양의 애절한 심정과 자신의 기구한 사랑을 드러냈다. 이처럼 빼어났던 기생들의 재주는 지금에 와서도 괄목할 만하다.

남장을 하고 검을 휘두르는 기생

남장하고 말 달리는 제주의 아가씨	男裝走馬濟州娘
연나라와 조나라의 풍류가 기방에 가득하네	燕趙風流滿敎坊
한 번 금채찍 들어 푸른 바다를 가리키고	一擧金鞭滄海上
봄풀 자라난 석성 곁을 세 바퀴 도네	三回春草石城傍
다투어 집집의 귤나무 바라보며	爭朝橘柚家家巷
곳곳에서 준마를 달리네	獨步騶驔處處場
아리따운 아가씨를 훈련시켜 북방으로 보내	敎者蛾眉北方去
진작 무부에게로 시집가게 하리	千金早嫁羽林郎

제주도의 말 달리는 기생이 눈에 선하게 떠오르는 신광수의 시다. 눈을 감고 제주도의 아름다운 풍경을 떠올려보자. 때는 꽃 피는 춘삼월, 제주의 기생들이 남장을 하고 말을 달린다.

"이랴! 이랴!"

채찍을 휘두르는 기생들의 목소리가 바닷가의 초원에 울려 퍼지고 석성을 도는 모습이 꽃처럼 아름답다. 집집마다 심어 놓은 귤나무를 바라보며 곳곳에서 말을 달린다.

남방과 북방의 여성들은 이처럼 진취적이었다. 제주도의 기생들이 말을 타는 것은 고려시대부터 말을 키우는 목장이 많았기 때문이다.

🌿 깊은 가을 위화도에 초목이 시드니　　　　　　　威化深秋草樹平

　　피로 낭자한 짐승을 잡아가지고 사냥행렬이 돌아온다　風毛雨血獵軍行

　　수놓은 옷을 입고 징치고 노래 부르는 화살 멘 기생들　繡服鐃歌弓箭妓

　　준마를 타고 말을 채찍질하며 성으로 들어온다　　　皆騎撻馬入州城

신광수가 의주를 여행했을 때 지은 시로 기생들이 사냥을 하고 돌아오는 모습이 아름답게 그려졌다. 북쪽 지역에서는 추수가 끝나면 사냥을 한다. 하루의 사냥이 끝나 화려하게 수를 놓은 옷을 입은 기생들이 징을 치고 노래를 부르며 돌아온다. 등에는 화살통이 메어져 있고 웅걸하게 말을 채찍질하면서 성으로 들어오는 그녀들의 모습이 손에 잡힐 듯 그려진다.

북쪽의 기생들은 사냥만 잘한 것이 아니다. 북쪽 기생들이 사열을 하고 군사 훈련을 하는 모습이 묘사된 기록이 남아 있다.

금원 김씨는 조선 후기의 여류 시인으로 유명한 여인이다. 그녀는 불과 14세였을 때 부모를 졸라서 남장을 하고 단신으로 금강산을 여행한 기록을 남겨서 장안의 화제가 되었다. 그녀는 훗날 참판 김덕희의 첩이 되었는데, 의주 부윤으로 부임한 남편을 따라갔을 때 기생들이 남자들처럼 군복을 입고 행렬을 인도하는 것을 보고 크게 감동하여 기록을 남겼다.

마침내 긴 여행 끝에 소곳관에 도착했다. 소곳관은 의주로 들어가는 첫 번째 역참인데 부윤이 부임할 때 환영하고 보낼 때 전송하는 행사가 모두 여기에서 이루어진다. 우리가 도착했을 때 부의 관속들과 아전, 장교, 기생이 도열하여 기다리고 있었다. 이튿날 부로 출발했는데 행렬이 장엄하여 한양의 군사에 비해서 조금도 떨어지지 않았다. 나를 더욱 놀라게 한 것은 기생들도 남자들처럼 전립를 쓰고 짧은 소매와 긴 옷차림으로 말 위에 높이 앉아서 길을 인도하는 모습이었다. 머리에 장식한 패물과 녹의홍상이 화려하여 마치 천군을 보는 것 같았다. 각적(뿔피리)이 울리자 일제히 말에 올라타고 군령을 기다리는 모습이 장관이었다.

의주의 기녀들은 의장대 역할까지 한 셈이다. 의주의 기생들은 이에 그치지 않는다. 김덕희가 부임하자 본격적인 사열이 시작되었다. 사열은 저 유명한 통군정 아래 백일원에서 있었다.

백일원은 압록강 동쪽에 있으며 평야는 광활했다. 말 달리는 길의 폭이 백보가 넘었다. 부윤을 따라 사열대에 올라가자 기생들이 모두 군복을 착용하고 성장한 뒤에 대열을 지어 서 있었다. 한 번 뿔피리를 불고 세 번 북소리가 울리자 일제히 말에 올라타고 채찍을 휘두르며 나는 듯이 달리기 시작했다. 동작이 한 치의 착오도 없었다. 그 중에 경혜라는 여자가 있어서 쌍검을 쥐고 춤을 추는데 민첩하기가 마치 날고 있는 제비 같았다. 나는 감탄하여 시를 짓는다.

● 기생의 화장과 말의 장식이 모두 영롱해　　　　人粧馬飾共玲瓏

　　누각에 서 있으니 대열마다 붉은빛이네　　　　入入樓頭隊隊紅

　　북 소리 세 번 울리자 동작이 나는 것 같고　　　撾鼓三聲飛也似

　　흰 꽃이 날자 흙먼지 자욱하게 일어나네　　　　香塵無羔白花風

　　이 외에도 금원 김씨는 주옥같은 시를 많이 남겼는데, 금강산 기행
문 등 북쪽 기생들의 풍속을 세세하게 묘사한 기록은 기생 연구에 큰
도움이 되고 있다.

쌍검무를 선보인 운랑

　　연홍은 순조 때 평안도 가산의 기생이다. 국경인 의주와 가까운 탓
에 기생이라고 해도 말을 잘 타고 활을 잘 쏘았다. 조선 후기의 무신
정시는 1768년(영조 44)에 출생하여 1799년(정조 23) 무과에 급제하고,
선전관을 거쳐 훈련원주부와 도총부경력 등을 역임한 뒤에 1811년(순
조 11) 가산 군수로 임명되었다.

　　정시는 가산 군수로 부임하자 기생 점고를 받는 대신 기생들의 훈
련 모습을 보아야 했다. 수령이 처음 부임을 하면 육방관속들이 관내
의 실정을 보고하고, 관청에 소속된 인물들의 점고를 받는다. 기생 역
시 점고라고 하여 신임 수령에게 인사를 한다. 그러나 가산은 남쪽
지방과 달리 기생들이 훈련하는 모습을 사열하는 것으로 점고를 대
신하고 있었다.

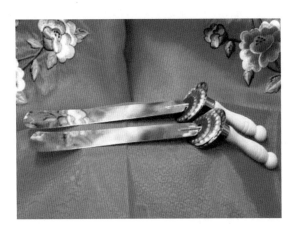

기생들이 검무를 할 때 사용하는 검
검무는 지금까지 전승되어 많은 예인들에 의해 공연되고 있다. 쌍검을 들고 춤을 추는 기생을 보노라면 기생의 또 다른 모습을 상상할 수 있다.

정시는 한양이나 남쪽 지방과 달리 기생들이 말을 타고 활을 쏘는 것을 보고 놀랐다. 특히 한 기생이 무예가 뛰어나 정시의 관심을 끌었다. 가까이 불러서 물으니 이름이 운랑이라고 했다.

'미인이 군복을 입으니 더욱 이채를 발하는구나.'

정시는 운랑에게 매혹되었다. 무슨 재주가 있느냐고 물으니 쌍검무를 조금 익혔다고 하였다. 정시가 시연을 해 보라고 하니 운랑이 절을 하고 군아의 넓은 뜰로 나섰다.

정시가 운랑의 옷차림을 살피자 머리에는 푸른 모직으로 만든 전립을 쓰고, 위에는 남색의 비단 적삼, 아래에는 선혈처럼 새빨간 비단 바지에 황색 수를 놓은 허리띠를 매고 있었다. 신발은 무소 가죽으로 만든 운혜를 신었는데, 손에는 싸늘한 검기가 뿜어지는 연화검 한 쌍이 들려 있었다.

운랑은 군아의 뜰에 서자 정시에게 절을 했다.

"시작하라."

정시가 영을 내리자 운랑은 꽃잎을 밟듯이, 물위를 걷듯이 사뿐사뿐 앞으로 나가더니 돌연 외마디 기합성과 함께 칼을 허공으로 던지고 몸을 솟구쳤다. 정시가 쳐다보자 어느 사이에 쌍검이 그녀의 손에 들리고 몸이 팽이처럼 돌았다. 달빛이 흐르는 듯이 유연한 춤이었다. 정시의 눈이 꿈을 꾸듯이 황홀해졌다.

"내가 흥을 돕겠노라."

정시도 무과에 급제하고 선전관까지 지낸 인물이다. 정시는 한마디 기합성을 터트리더니 장내로 뛰어들었다.

운랑은 잠시 놀라는 듯하더니 흔들리지 않고 쌍검을 어지럽게 휘둘렀다. 정시는 수령이 차는 환도를 뽑아 들고 운랑과 맞섰다. 운랑이 정시의 가슴을 향해 칼을 쭉 뻗으면 정시는 활처럼 허리를 뉘었고 운랑의 칼은 정시의 허리를 베듯이 뻗었다. 정시는 운랑의 요혈 24처로 공세를 퍼부었다. 그들의 동작은 점점 빨라지기 시작하여 칼로 베고 찌르는 동작도 경쾌하게 이어졌다.

'이런! 일개 기생의 검무가 어찌 이토록 뛰어난가?'

정시는 시간이 흐를수록 탄성이 저절로 흘러나왔다. 푸른 섬광이 천지사방에서 번쩍이고 백광이 가득했다. 정시가 운랑의 24처 요혈을 공격하면 운랑은 그 사이사이를 자유자재로 날았다.

"놀라운 솜씨로다."

정시가 감탄을 하자 운랑은 멀찌감치 뒤로 물러서더니 전광석화처럼 허공으로 솟아올랐다. 한 줄기 붉은 그림자가 허공에서 번쩍이더니 검날이 사방에 번쩍였다. 사람도 보이지 않고 칼도 보이지 않았다. 획획 하는 바람 소리가 귓전을 어지럽히고 하늘이 싸늘하게 얼어붙는 것 같았다.

잠시 후 날카로운 기합성이 터져 나오더니 운랑이 어느 사이에 오동나무 밑에 우뚝 서 있었다. 오동잎이 우수수 떨어지기 시작한 것은 한참이 지나서의 일이었다.

"신기한 재주로다. 참으로 아름답구나!"

정시는 환도를 거두고 박수를 쳤다.

"보잘것없는 솜씨로 사또의 눈을 어지럽혔습니다. 용서하십시오."

운랑이 무릎을 꿇었다.

"아니다. 오늘 내가 귀한 무예를 보았으니 상을 내릴 것이다."

정시는 연홍에게 비단을 하사했다. 이후 정시는 운랑의 이름을 연홍으로 바꾸고 총애했다. 연홍은 정시로부터 사랑을 받게 되자 정성을 다해 섬겼다.

기생이 조직한 결사대

1811년(순조 11), 정시가 가산 군수로 부임한 지 얼마 되지 않아 서도지방은 민심이 흉흉하더니 홍경래의 난이 일어났다. 홍경래는 가산과 가까운 박천에서 난을 일으켜 삽시간에 서북지방을 휩쓸었다.

정시는 홀로 말을 타고 군내를 돌아다니며 군을 재정비하고, 혼란에 빠진 백성들을 효유하여 피난 가는 것을 중지시켰다. 그때 적정을 탐지하러 나갔던 유리(이방에 소속된 아전) 김정척이 황급히 말을 타고 달려와 보고했다.

"적당이 다복동에 모여 있는데, 그 세력이 심히 성대합니다."

"난을 일으킨 자가 누구라고 하더냐?"

"홍총각이라고 하는데 백성들이 구름같이 모여들어 숫자가 사만에 이른다고 합니다. 벌써 가산을 모조리 에워쌌습니다. 먼저 인부印符를 보내고 이어 항서降書를 던져 구차하게라도 목숨을 보존하는 것이 죽는 것보다 현명하겠습니다."

김정척의 보고에 동헌에 가득하던 아전과 군사들이 놀라서 웅성거리더니 정시의 눈치를 살피면서 슬금슬금 도망을 치기 시작했다.

"이놈! 나는 차라리 난적의 손에 죽겠다. 네가 어찌 그따위 대역무도한 말을 지껄이느냐? 저놈을 당장 내쫓아라. 머뭇거리면 내가 한 칼에 목을 베겠다."

정시가 대노하여 칼을 뽑아 들자 김정척이 얼굴이 하얗게 변해 구르듯이 달아났다. 그러나 이미 동헌에 가득하던 아전과 군사들이 뿔뿔이 흩어져 달아나 정각은 텅텅 비어 있었다. 홍경래의 위세에 놀라 군사와 아전들이 모두 달아나자 대항조차 할 수 없는 상황이었다.

시간은 밤 2경이 지나 3경을 향해 가고 있었고 동헌에는 군수 정시의 부친과 동생, 그리고 수청기(청에서 군수의 심부름을 하는 기생) 연홍이 남아 있었다.

정시는 가물거리는 촛불을 마주하고 앉았다. 어디선가 함성소리가 들리고 그 소리에 섞여 처절한 비명소리가 들렸다.

"다복동에서 난군들이 이쪽으로 오고 있다고 합니다. 사또께서는 속히 대책을 세우셔야 합니다."

연홍이 정시에게 화급하게 말했다.

"적이 삽시간에 일어났으니 무슨 대책이 있겠느냐? 너는 나와 함께 있으면 부질없이 목숨을 잃을 뿐이니 몸을 피하라."

정시가 연홍을 지그시 바라보고 있다가 말했다.

"어찌 그러한 말씀을 하십니까? 첩은 나리와 함께 생사를 같이 하겠습니다."

"나는 적과 싸워야 하니 번거롭게 하지 말라."

정시가 엄히 명을 내리자 연홍은 어쩔 수 없이 물러나야 했다. 이후 홍경래의 봉기군은 순식간에 가산 군아로 들이닥쳤다.

"난이 일어났으니 속히 감영에 보고를 해야 합니다."

정시는 아버지와 감영(조선시대에, 관찰사가 직무를 보던 관아)에 올리는 문첩을 작성하려고 했으나 아전이 모두 달아나 장계를 가지고 갈 한 사람의 군사도 없었다. 그래도 서찰을 작성하여 병영에 보내려고 문방사우를 준비하는데 벌써 봉기군이 문을 부수고 들이닥쳤다.

"군수다!"

그들은 삽시간에 동헌으로 달려 올라와 가산 군수 정시의 상투를 움켜쥐고 창검으로 목을 겨누었다.

"네가 만약 살고자 한다면 아녀자들과 각 창고의 열쇠를 속히 가져다 바치고, 투항하는 문자를 써서 올려라. 그렇게 하지 않으면 죽을 것이다."

봉기군은 살기등등하게 눈을 치뜨고 정시를 위협했다.

"네놈은 효경(어미 새를 잡아먹는 올빼미)의 종자로 하늘을 거슬러 날뛰니, 참으로 극악무도한 역적이로구나. 내 목숨이 다하기 전에는 반드시 그럴 리가 없으니, 속히 나를 죽여 네 뜻을 시원히 풀어라."

정시가 봉기군들을 노려보면서 고함을 질렀다.

"이놈아, 네가 아직도 군수인 줄 아느냐? 이제 새 세상이 열렸다. 항복할 것이냐, 아니 할 것이냐? 아니한다면 이 우물에 처넣을 것이다."

봉기군은 정시를 관청에 있는 우물로 끌고 가서 위협했다.

"내가 죽음을 두려워할 줄 알았느냐?"

봉기군은 창검으로 위협했으나 정시가 끝내 굽히지 않자 목을 베어 죽였다. 그리고 이어 아버지 정노를 뜰로 끌어내려 죽이려고 하자 정시의 동생 정신이 자신의 몸으로 안고 엎어졌다. 봉기군은 어지러이 칼날을 휘둘러 부자를 베었다. 정시의 아버지 정노가 먼저 목숨이 떨어지고 정신은 피를 폭포처럼 흘리며 혼절했다. 봉기군은 그들을 끌고 나가 관문 밖에 버렸다.

몸을 숨기고 있던 연홍은 홍경래 군이 가산을 휩쓸고 남진하자 관아로 들어갔다. 관아의 뜰에 시체가 가득하고 피가 낭자한 가운데 군수 정시가 아버지 정노와 함께 죽어 있었다.

'아아, 기어이 순절하셨구나.'

연홍은 정시의 장렬한 죽음에 눈물을 흘렸다. 그러나 미처 설움을 다 풀어낼 새도 없이 동생 정신이 아직 숨이 붙어 있는 것을 발견하고 황급히 집으로 옮겼다.

'아, 천운天運이다. 이분은 아직 살아 있구나.'

연홍의 치료로 소생한 정신은 연홍과 함께 정시와 아버지 정노의 시신을 수습하여 입관한 뒤에 안치했다.

"적의 기세가 창대하기는 하나 관군이 오면 오합지졸일 것이오. 군수가 난적을 막다가 죽었으니 우리 또한 결사대를 조직하여 가산을 지킵시다."

연홍은 자신의 재산을 팔아 박생이라는 인물과 함께 결사대를 조직했다. 홍경래의 세력권 안에서 결사대를 조직한 연홍은 박생과 함께 가산 방어에 나섰다.

기록에는 연홍이 결사대를 조직한 사실은 남아 있으나 결사대를 이끌고 어떤 활약을 했는지는 남아 있지 않다. 그러나 연홍과 박생이 조직한 결사대는 가산에서 맹활약을 펼쳤다.

홍경래는 가산에서 세력을 일으켰으나 차별 받던 관서지방의 민중들이 대대적으로 호응하자 반란군을 이끌고 남하했다. 연홍은 결사대를 이끌고 반란군이 떠난 가산의 치안을 확보하고 난이 진압되자 조용히 물러났다. 이후 홍경래 군은 몇 달 동안 관서지방을 휩쓸었으나 끝내 관군에 의해 패망했다.

의로운 일을 한 기생

"가산 군수 정시는 적에게 대항하여 굽히지 않다가 온 가족이 함께 목숨을 잃었으니, 뛰어난 충정과 높은 절개는 적의 간담을 서늘하게 만들고 사방의 교훈이 되기에 충분합니다. 그러니 특별히 아경亞卿의 관직을 추증해야 하며, 그의 아들을 거두어다 녹용錄用하는 별도의 은

유^{恩侑}가 있어야 합니다."

홍경래의 난이 한창일 때 비국에서 아뢰었다.

"적들의 기세가 사나운데 굴복하지 않았으니 어찌 포상하지 않겠는가?"

순조는 정시를 참판에 추증하라고 지시했다.

홍경래의 난이 완전히 진압되자 좀 더 상세한 보고서가 감영에서 조정으로 올라왔다.

"가산 군수 정시는 죽음을 돌보지 않고 순절했고, 그 아비도 도망가지 않고 적들에게 맞서다 죽임을 당했습니다. 동생은 아비를 보호하려다가 적들의 칼을 무수히 맞았는데 하늘이 보우하여 구사일생으로 살았습니다."

감영의 보고가 올라오자 조정대신들은 감격했다.

"일전에 포상한 일이 있으나 그래도 그가 용기를 세운 사실을 알 수가 없어 잠을 이루지 못하였는데, 이제 평안 감사의 장사^{狀辭}를 보니 늠연한 충의가 마치 그 사람을 보는 듯하여 더욱 측은하고 마음 아프다. 아! 그가 어떤 모습인지는 알 수 없으나, 임진란의 동래 부사 송상현과 무엇이 다르랴? 더욱이 부자 형제 일문^{一門}이 화를 당했으니 어찌 그리도 충렬을 다 바쳤던가? 증 참판 정시에게 병조 판서를 더 추증하고, 그 아비는 이름을 물어 또한 관직을 추증하도록 하되, 모두 작설^{綽楔}(충신, 효자, 열녀가 있는 집에 홍살문을 세우는 것)의 은전을 베풀라. 그 아우는 칼에 찔리고도 죽지 않았다 하니, 천리가 밝고 밝음을 볼 수 있다. 특별히 복^服이 끝나기를 기다려 즉시 벼슬을 내리도록 하라."

정시는 비록 죽음을 당했으나 가문은 충절로 표창을 받았다.

"기생 연홍의 일은 이처럼 어지러운 때를 당하여 나졸과 아전들이 모두 도망했는데도 시종일관 피하지 않았고, 그 죽은 수령의 동생에 대해서도 집에 숨겨 살 수 있게 하였으니, 미천한 부류이지만 뛰어난 행실을 숭상할 만하다. 후하게 상을 주도록 하라."

순조는 기생 연홍에게도 상을 내렸다.

정시의 시신은 비로소 장례를 치르게 되었다. 연홍은 정시의 상구를 대동강까지 호송하고 돌아왔다. 조정에서는 연홍의 충절이 가상하다고 하여 기적에서 빼 주고 전지田地까지 하사했다. 연홍이 수를 다하고 죽자 평양의 부로父老들이 의기라고 하여 의열사에 배향했다.

예기

조선의 기생들은 악기를 잘 다루고 노래를 잘 불렀을 뿐 아니라 춤도
잘 추어서 예기라고 불렸다. 노래하는 기생으로는 석개가 가장 유명하고
춤추는 기생들 중에는 검무를 추는 운심이 조선을 뒤흔들었다. 석개의 단
가는 하늘에서 들려오는 소리 같았고, 운심의 검무는 사대부들의 넋을 빼
앗을 정도로 아름다웠다.

운심은 여러 기록에 등장하는데 박제가의 《광문자전》에 그 아름다운
모습이 기록되어 있다. 어느 날은 운심의 집에 장안의 한량들이 모여 춤을
추라고 요구했다. 그러나 운심은 무슨 까닭인지 늦장을 부리면서 춤을 추
지 않았다. 그때 장안의 협사로 불리는 광문이 나타나 해진 옷차림으로 상
석에 앉았다. 그러자 얼굴이 환하게 밝아진 운심이 한바탕 검무를 추었는
데, 이미 검무에서 최고의 경지에 있었다고 한다.

밀양 사는 운심은 유명한 기생이다. 절도사 이은춘이 영변의 수재로 있을
때 자기 아버지가 사랑하던 기생이라 하여 데리고 왔다. 운심은 이때 이미
늙어 머리가 허옇게 세었다. 운심이 동대東臺에 올라 한참 동안 사방을 바
라보다가 갑자기 강개하여,
"후세에 만일 밀양의 운심이가 약산의 동대에 올라 즐거움을 이기지 못해
뛰어내려 죽었다 하면 어찌 장한 일이 아니겠는가."
하고는 치마를 감싸고 몸을 날려 떨어지려 했다. 모두들 깜짝 놀라 붙잡았

으므로 중지되었다.

이덕무가 영변 약산에 올랐을 때 남긴 기록이다. 운심은 이때 백발의
노파가 되어 있었다.

또 다른 일화로 백하^{白下} 윤순이 등장한다. 윤순은 운심에게 마음을 두었
는데, 백하는 글씨를 잘 썼던지라 운심에게 장난삼아 말하였다.

"너의 칼춤이 나에게 초서의 원리를 깨닫게 할 수 있겠느냐?"

운심도 평소에 공의 글씨를 사모하던 터라 한 점 얻어 가보로 간직하기
를 원한다는 단서를 달고 칼춤을 선보였다. 공은 써 주겠다고 허락은 하였
지만 바로 써 주지는 않았다. 어느 가을비 내리는 날 뜰 가득히 떨어진 낙
엽들을 바라보면서 백하는 홀로 앉아 있었다. 이때 운심이 홀연히 술을 가
지고 와서 권주가를 불러 공에게 권하였다. 공은 흔쾌히 마시고 약간 취하
자 자꾸만 붓과 벼루를 힐끗거렸다. 운심은 재빨리 비단 치마를 벗어 앞에
펼쳐 놓으며 말했다.

"공께서는 지난날의 허락을 잊지 않으셨겠지요?"

공은 단숨에 붓을 휘둘러 도연명의 ≪귀거래사≫를 쓰고 스스로도 만
족해하였다. 공은 운심에게 깊이 간직하고 꺼내서 남에게 보여 주지 말라
고 당부하였다. 그런데 그 뒤 자신이 취하여 우연히 풍원군 조현명에게 이
일을 발설했다. 풍원군이 운심을 불러 물으니, 운심은 감히 사실을 숨길
수가 없었고 글씨는 마침내 풍원군의 소유가 되었다. 운심은 죽을 때까지
이 일을 한스럽게 여겼다.

운심은 늙어서는 명승지를 두루 유람하였는데, 관서지방의 칼춤을 추는
기생들은 대부분 그의 제자였다.

성대중의 ≪청성잡기≫에 있는 기록이다. 운심은 당대 검무의 최고 대
가였다.

기생들의 춤 중에 포구락抛毬樂은 거대한 연회에 주로 사용되었다. 궁중
연회에서 기록을 많이 찾을 수 있으나 민간에서도 공연되었다.

하청절河淸節이기에 만춘정에 행차하여, 재신과 추신 시신과 더불어 연흥전
에서 연회를 열었는데, 대악서大樂署와 관현방管絃坊에서 채붕採棚·준화樽花·
헌선도獻仙桃·포구락抛毬樂 등의 놀이를 갖추어 행하고, 또 정자 남쪽 포구에
서 배를 띄우고 물결을 따라 오르내리며 서로 시를 부르고 화답하다가, 밤
에 이르러 비로소 파하였다.

≪고려사절요≫의 기록으로 포구락은 고려 문종 때에 중국에서 들어와
널리 공연되었다.

포구락은 송 나라 심괄의 ≪몽계필담夢溪筆談≫에 "해주 선비 이신언이 꿈속에
어느 수궁水宮에 들어가 궁녀들이 포구하는 것을 구경하였고, 산양사람 채
순이 전기傳記를 지어 그 사실을 소상히 서술하였으며, 포구곡 10여 곡까지
첨부되어 있다." 했는데, 가사가 모두 청신淸新하였다. 내가 지금 두 곡을 기
억하고 있다.

저녁 잔치에 임금을 모시고 밤이 깊도록 노니   侍燕黃昏晚未休

야색 아름다운 뜰에 달빛이 흐르도다   玉階夜色月如流

아침에야 임금의 은혜로 취한 줄을 알았으니   朝來自覺承恩醉

예쁘게 웃어 주는 기생이 공을 찼다 하더라   笑倩旁人認繡毬

　이익의 ≪성호사설≫에 있는 기록으로 포구락은 중국 송나라에서 전해
져 왔다는 사실을 알 수가 있다. 포구를 할 때 기생들이 부르던 노래까지
기록했으니 노래의 아름다운 선율이 떠오르는 것 같다.

네 개의 눈동자를 가진 여자가
백성을 구하다

제주 기생 만덕

1797년(정조 21)년, 한양에 중동(겹눈동자, 한 개의 눈에 두 개의 눈동자가 있는 것)을 가진 이인異人이 있다는 소문이 파다하게 퍼졌다. 소문의 주인은 제주 기녀 만덕으로, 흉년에 자신의 재산으로 백성을 구휼하여 의기라는 칭송을 들은 기생이었다.

제주 목사 이우현이 보고를 올리자 정조는 그녀의 소원을 들어주라는 영을 내렸고, 만덕이 금강산을 구경하기 위해 한양으로 올라오면서 그녀를 보려는 사람들로 길이 메워졌다. 역마를 타고 한양에 도착한 만덕은 번암 채제공에게 인사를 드린 뒤에 정조와 왕비, 세자빈을 차례로 알현하고 금강산을 유람할 준비를 했다. 이때 그녀의 눈이 겹눈동자라고 하여 장안의 화제가 되었던 것이다.

다산 정약용은 만덕을 집으로 초대하여 한담을 나누다가 물었다.

"너의 눈이 중동이라는 것이 사실이냐?"

"그렇습니다."

만덕이 다소곳이 대답했다.

"무릇 궁실宮室과 누대樓臺와 초목을 비롯하여 모든 사물과 사람들이 너의 눈에는 하나가 모두 둘로 보이느냐?"

"그렇지는 않습니다."

"그렇다면 너는 중동이 아니다. 어디 눈을 가까이 보자."

정약용은 만덕에게 가까이 다가가서 눈을 자세히 들여다보았으나 흑백의 정동(눈동자)이 보통 사람과 다른 것이 없었다. 정약용은 만덕이 중동이라는 소문이 널리 퍼진 것은 사람들이 허망한 것을 좋아하여 헛소문이 퍼진 것이라고 개탄했다.

"사람의 동자에 동인(눈동자에 비치는 사람의 형체)이 있는 것은 사람의 얼굴이 동자에 비친 때문이다. 누대가 동자에 비치면 작은 누대가 되고 초목이 동자에 비치면 작은 초목이 되니, 그 작은 모양이 있는 것은 바로 사람이 이 물건을 본 까닭이다. 그러니 만일 동자가 두 개인 경우라면 한 동자가 각각 작은 모양의 물건을 하나씩 비출 것이니 둘로 보이지 않겠는가."

정약용은 논리적으로 중동이 아니라고 만덕에게 설명을 해 주었다. 그러나 그것과 상관없이 일개 기녀의 몸으로 임금과 왕비, 세자빈을 알현하는 영광을 얻자 만덕은 조선 팔도를 떠들썩하게 할 만큼 장안의 화제가 되었다.

● 여의 행수는 제주의 기생	女醫行首耽羅妓
만리 높은 파도도 두려워하지 않았네	萬里層溟不畏風
이제 또 금강산을 향해 떠나니	又向金剛山裡去
아름다운 이름 교방에 남으리	香名留在敎坊中

만덕은 장안의 기생들에게 선망의 대상이 되어 명기 홍도가 그녀를 기리는 시를 지었다. 만덕의 이야기는 기녀들뿐만 아니라 장안 한량들에게도 크게 화제가 되었다. 무엇보다 만덕이 제주의 거상巨商이고 과부라는 사실이 한량들을 몸살 앓게 했다. 게다가 만덕은 누가 꺾어도 탓을 할 수 없는 노류장화, 기생 출신이었으니 한량들이 앞다투어 그녀를 유혹하려고 접근했다.

"그대가 돈이 많다고 한양의 악소배들이 접근하는 모양인데 어찌할 것인가?"

채제공이 만덕을 불러 물었다.

"소인의 나이 오십이 넘었습니다. 어찌 악소배들의 꼬임에 넘어가겠습니까?"

만덕이 웃으면서 조용히 대답했다.

"악소배들이 그대의 미모를 칭찬하면서 접근하면 어찌할 것인가?"

"당치 않습니다. 저들은 저의 미색을 탐하는 것이 아니라 재산을 탐내고 있습니다."

"어찌되었든 홀로 살고 있으니 남자가 있어야 하지 않는가?"

"제주에는 굶주린 백성들이 많이 있습니다. 그들을 돌볼 겨를도 없
는데 어찌 악소배들을 살찌우겠습니까?"

"너의 말이 가상하다. 한양에 머물고 있는 동안 자주 내 집에 들어
와 탐라 이야기를 하라. 내가 너의 전傳을 지을 것이다."

채제공은 만덕을 보면서 고개를 끄덕거렸다. 이후 만덕은 채제공
의 집에 여러 차례 찾아가 많은 이야기를 나누었고, 채제공은 약속

대로 그녀의 이야기를 글로 남겼다.

의녀가 된 만덕

제주 기생 만덕의 성은 김씨였다. 그녀는 1739년(영조 15) 제주도 성안에서 아버지 김응렬과 어머니 고씨 사이에서 막내딸로 태어났다. 그녀의 위로는 두 오빠가 있었다. 김응렬은 전라도 나주를 오가면서 장사를 하던 사람으로 제주 토산품을 나주에 팔고 나주에서 쌀을 사다가 제주에 팔았다.

만덕이 11세가 되었을 때 김응렬은 평소처럼 장사를 하러 나주에 갔다가 돌아오는 길에 풍랑을 만나 배가 파선되는 바람에 죽었다. 일년여가 지나자 어머니 고씨마저 남편의 죽음으로 충격을 받아 시름시름 앓다가 죽자 그녀는 고아가 되었다. 만덕의 3남매는 외삼촌집에 맡겨졌으나 외삼촌도 가정 형편이 어려워지자 만덕을 노기老妓 월중선의 여종으로 맡겼다.

월중선은 만덕이 아름답게 자라자 노래와 춤, 거문고를 가르치고 기적에 올렸다. 타고난 천성이 영특한 만덕은 금기서화를 익히고 의술을 배웠다. 만덕이 의술을 배우게 된 동기나 그녀의 의술이 얼마나 뛰어났는지는 알려지지 않았으나, 정조가 만덕을 내의원 여의반수(내의원 여의원들의 책임자)로 임명한 것으로 보아 의술이 뛰어났음을 알 수 있다. 다만 그녀가 제주의 거상이라는 사실 때문에 의술이 가려졌을 뿐이다.

조선시대의 부자들이 역관에서 많이 나오고 의원들이 부를 누린 사실에서 알 수 있듯이 만덕도 의술로 초기의 부를 축적했다.

만덕은 어린 시절 노기 월중선에 의해 기적에 올라 기생 일을 하지 않으면 안 되었다. 기생은 대개 15세가 되면 머리를 올리고 첫 남자를 받아들인다. 만덕도 이러한 과정을 거쳤을 것으로 추정되나 기록은 남아 있지 않다. 만덕은 기생 일보다 의술에 전념했고 나름대로 인정을 받았다. 그러나 기생 일이 죽기보다 싫었어도 관아의 연회에 나아가 노래를 부르고 춤을 추어야 했다.

'나는 양가의 딸이다. 어찌 뭇 남자들의 노리개가 되겠는가?'

만덕은 연회에 나갈 때 세수도 하지 않고 분단장도 하지 않았다.

"네가 기적에 있으면 업을 소홀히 하지 말아야 하는데 어찌 태만히 하느냐? 네가 관장을 능멸하는 것이냐?"

만덕이 기생 일에 태만하자 목사 신광익이 질책을 했다.

"사또께 아룁니다. 소인은 처음부터 기녀가 아니라 양가에서 태어났습니다. 다만 부모님이 어릴 때 돌아가셨기 때문에 부득이 기녀의 집에 의탁을 하게 되었습니다. 목사께서 소인을 기적에서 빼 주십시오."

만덕이 눈물을 흘리면서 호소했다.

"기적에 있는 자가 누구인들 사정이 없겠느냐? 그 사정을 죄 들어 주면 누가 기적에 남아 있겠느냐?"

신광익이 만덕의 청을 거절했다. 그러나 만덕은 몇 번이나 신광익과 판관 한유추에게 눈물로 호소하여 마침내 기적에서 빠져 나왔다. 만덕의 나이 어느덧 스무 살이었다.

그녀는 의술을 배웠기 때문에 기적에서 빠져 나오자 의원을 열고 치병제중에 나섰다. 그뿐 아니라 어릴 때부터 재물이 인간의 삶에 어떤 영향을 미치는지 경험했기 때문에 만덕은 부를 축적하는 데 열중했다.

조선시대에는 유교의 영향으로 돈과 여자를 가까이 하는 것을 비루하게 생각했고, 내외가 심하여 여자가 돈을 버는 일이 어려웠다. 그러나 제주도는 삼다도라고 하여 옛날부터 바람, 돌, 여자가 많은 지방이었다. 남자들이 고기를 잡기 위해 바다에 나가면 여자들은 물질을 하거나 밭농사를 지어 집안을 지켰다. 제주의 기생들도 말을 탈 정도로 진취적이고 생활력이 강했다.

만덕이 비록 어리석은 자와 한 집에 살았으나 제주의 양반이 아니면 남편으로 맞이하지 않았다.

채제공의 ≪번암집≫ 만덕전에 있는 기록이다. 이 기록으로 미루어 만덕은 여러 차례 남편을 맞이했으나 일찍 죽은 것으로 추정된다. 그러나 그녀는 제주도 여자답게 생활력이 강했다. 만덕은 장사를 시작하여 많은 돈을 벌었다. 장사로 돈을 버는 것은 쌀 때 구입하여 비쌀 때 파는 것이었다. 이는 고전적인 장사 방법이었으나 시대를 불문하고 통용되는 법이었다. 중국에서 재신이라고 불리는 범려와 장사의 아버지라 불리는 백규도 이와 같은 방법으로 막대한 부를 축적했다.

만덕은 제주의 포구인 산지천에 객주를 차리고 육지상인들과 제주 상인들의 물품을 위탁판매 하는 매매중개상을 했다. 이어 선상船商들의 물품을 독점적으로 거래하는 여객주인권과 포구주인권을 획득하여 제주 상권을 장악했다. 뿐만 아니라 배를 직접 사서 운행하는 해운업에도 진출하여 막대한 부를 축적했다.

만덕이 기생 노릇을 할 때 품성이 음흉하고 인색해 남자의 돈을 보고 따랐다가 돈이 떨어지면 떠나되 옷마저 빼앗아서, 그가 지닌 바지저고리가 수백 벌이었다. 그 바지를 늘어놓고 햇볕에 말리는 것을 보고는 동료 기생마저 침을 뱉고 욕했다.

제주 목사를 지낸 심낙수의 아들 심노숭이 남긴 기록이다. 심노숭은 〈누원漢源 눈물은 무엇인가〉로 널리 알려진 인물로 노론 계열이다. 남자들이 빼앗긴 바지저고리가 수백 벌이나 되었다고 과장을 하고 있어, 의인으로 칭송을 받은 만덕을 비판하려는 의도가 엿보인다.

육지에서 온 장사꾼들 가운데 만덕의 탓으로 패가망신하는 이가 많았다. 그렇게 해서 만덕은 제주 최고의 부자가 되었다. 음식을 구걸하는 형제도 돌보지 않던 만덕이 제주에 기근이 들자 곡식을 바쳐서 한양에 이르고 금강산을 구경하고자 하였다. 만덕이 호탕한 말을 하여 여러 학사들이 전傳을 지어 칭송했다.

만덕은 음식을 구걸하는 형제들을 돌보지 않을 정도로 모질게 돈을 벌었다. 그러나 만덕이 졸부들과 다른 것은 그렇게 번 돈을 자신이나 후손들을 위해 쓴 것이 아니라 굶주리는 백성들을 구제하는 데 사용했다는 사실이다.

흉년에 백성을 구제하다

1795년(정조 19) 제주도에 유례없는 흉년이 들었다. 제주도의 인구 절반이 줄어들 정도로 혹독한 흉년이었다.

"올해 세 고을의 농사는 간간이 단비를 만나 크게 풍년이 들 희망이 있었습니다. 그런데 뜻하지 않게 8월 27일과 28일에 동풍이 강하게 불어 마치 나뭇잎이 날리는 것과 같이 기와가 날아가고 돌이 굴렀습니다. 그리하여 곡식이 짓밟히고 피해를 입은 것 외에도 바다의 짠물에 마치 김치를 담근 것같이 절여졌습니다. 80, 90세 되는 노인들도 모두 이르기를 '전전 계사년에 이런 재해가 있었는데 올해에 또 이런 재해가 있다.'고들 하였습니다."

전 제주 목사 심낙수가 다급하게 장계를 올렸다. 심낙수의 장계에 따르면 음력 8월 27일에 기와가 날고 돌멩이가 구르는 태풍이 불었으니 지금으로 말하면 추석을 지난 가을에 엄청난 위력을 가진 태풍이 몰아친 것이다.

벼가 낟알이 익어서 누렇게 고개를 숙일 때 태풍과 해일이 몰아쳐 수확기의 곡식을 쓸어가자 양식이 떨어진 제주의 백성들이 굶주려 죽어가기 시작했다. 제주는 육지에서 수천 리 떨어진 섬이었다. 양식을 조달할 수 없어서 곳곳에서 수많은 백성들이 굶어 죽는 아비규환의 참상이 일어났다.

조정은 제주도의 태풍과 해일로 인한 피해를 보고 받자 발칵 뒤집혔다.

"제주도 백성들의 일이 진실로 절박하고 불쌍하나 2만 섬의 곡식

198

을 청한 것은 멀고 가까운 등록^{謄錄}을 두루 살펴보아도 그 전례가 없습니다. 비록 전전 계사년에 특례로 넉넉하게 구휼해 준 덕의로써 보더라도 그때에 나누어준 것도 1만 섬에 불과합니다. 한결같이 전전 계사년에 나누어 준 수량에 따라 쌀과 보리를 합하여 1만 섬을 주어야 할 것입니다. 특별히 도백에게 명하여 연해^{沿海}의 넉넉한 고을의 창고 속에 남아 있는 것을 편의대로 배에 실어 보내되 5천 섬은 10월 안으로 들여보내고 그 나머지 수량은 초봄까지 계속 실어 보내도록 해야 할 것입니다. 순풍을 기다려서 조심하여 건너가도록 하는 등의 일에 대해서 각별히 엄하게 신칙하여 떠나보내도록 하며, 도착한 뒤에는 일의 전말을 그로 하여금 도착하는 즉시 장계로 아뢰게 하소서."

우의정 이병모가 아뢰었다.

"호남의 연안 고을들이 가뭄과 강풍의 재변으로 인한 피해가 가장 심하다. 백성들의 황급함이 눈앞에 어른거리는 듯하고 오로지 이 생각이 마음에 걸려 자나 깨나 맺혀 있는 듯하다. 어젯밤에 제주 목사가 곡식을 청한 장계를 보았는데, 어찌 불쌍하고 가엾이 여기지 않을 수 있겠는가. 수만 명의 생명을 구원하여 살려주는 것이 이 배로 곡식을 실어다 주는 한 가지 일에 달려 있는 것이다. 우의정이 아뢴 대로 곧 관찰사에게 분부하여 먼저 곡식을 나누어 새 목사에게 주어 운반선을 통솔하고 들어가게 하라."

정조가 영을 내리자 육지에서 제주도로 곡식을 실어 나르는 배가 꼬리를 물고 이어졌다. 그러나 태풍과 해일로 인한 피해가 너무 커서 제주도는 정부의 구휼미가 도착하기 전에 백성들이 모두 굶어 죽을 판이었다. 골목과 집집마다 시체가 즐비하고 곡성이 그치지를 않았다.

'아아, 참으로 참혹하다.'

만덕은 식량이 없어서 굶어 죽어가는 백성들을 보니 가슴이 아팠다. 비축한 양식을 풀어 굶어 죽는 백성들을 구제했으나 턱없이 부족했다. 게다가 조정에서 보낸 구휼미가 아직 도착하지 않고 있었다.

"이 돈으로 육지에서 쌀을 사오라."

만덕은 그동안 모은 돈을 가지고 육지에 가서 쌀을 사오게 했다. 만덕의 구휼미는 조정에서 나오는 구휼미보다 먼저 도착했다. 만덕은 쌀을 모두 관가로 보내 백성들에게 분배해 주도록 했다. 굶어서 얼굴이 누렇게 뜬 백성들이 관가로 구름처럼 몰려들었다. 관청에서는 굶주림이 심한 백성들부터 만덕의 쌀을 나누어 주었다.

"우리를 살린 사람은 만덕이다."

백성들이 다투어 만덕을 칭송했다. 만덕의 적절한 조치로 제주의 수많은 사람들이 목숨을 구제할 수 있었다.

금강산 유람

신임 이우현 목사는 제주도 흉년 상황을 조정에 보고하면서 만덕의 일도 아울러 보고했다.

"남자들도 하기 어려운 일을 한 부녀자가 있다. 만일 만덕에게 소원이 있다면 쉽고 어려운 일을 가리지 말고 들어주라."

정조가 이우현에게 영을 내렸다.

"임금께서 그대의 소원을 들어주라는 영을 내렸다. 네 소원이 무엇이냐?"

이우현이 만덕을 불러 물었다.

"다른 소원은 없고 오로지 도성에 올라가 임금을 우러러 뵈옵고 이어 금강산으로 가서 일만이천봉을 구경할 수 있다면 죽어도 여한이 없겠습니다."

만덕이 대답을 했다. 이우현은 만덕의 소원을 자신이 들어줄 수 없자 정조에게 보고를 올렸고, 정조는 흔쾌히 만덕의 소원을 들어주라고 영을 내렸다.

만덕은 마침내 배를 타고 제주도를 떠나 육지에 이르렀다. 만덕은 가는 곳마다 극진한 대접을 받으면서 한양에 도착하여 명성 높은 채제공을 만날 수 있었다. 채제공은 만덕으로부터 제주도의 자세한 상황을 들었고, 만덕은 채제공으로부터 세상 이야기를 들으면서 저절로 그를 흠모하게 되었다.

채제공은 만덕에게 거처할 곳을 마련해 주었고 정조에게 만덕을 만난 일을 아뢰었다. 정조는 크게 반기며 만덕을 보기를 원했다. 부녀자가 사사로이 임금을 알현할 수는 없으나, 정조는 만덕이 의술을 갖고 있다고 하자 내의원 의녀에 임명하여 대궐로 들어오게 했다. 만덕은 각 전을 차례로 방문하여 알현했다.

"네가 한낱 기생으로 수많은 굶주린 백성을 구제하였으니 기특하다."

정조가 만덕을 접견하고 많은 상을 내렸다.

"성은이 망극하옵니다."

만덕의 단아한 자태와 예기 어린 눈빛에 궁궐의 사람들은 크게 감

복했다. 정순대비 김씨를 비롯하여 많은 비빈들이 그녀를 칭찬하고
상을 내렸다.

만덕은 겨울을 한양에서 지내고 봄이 되자 금강산 탐승에 나섰다.
중들이 그녀의 가마를 메고 산을 올랐다. 만덕은 만폭동을 비롯하여
장안사, 표훈사 등 여러 사찰과 명승을 구경하고 통천 총석정에 올라
천하의 장관을 두루 구경하고, 한양으로 돌아왔다. 만덕이 제주도로
떠나기 전 다시 각 전에 인사를 드리자 이번에도 여러 비빈들이 상을
후하게 내렸다.

만덕의 소문이 장안에 널리 퍼지자 공경대부들이 몰려드는 바람에
제주도로 떠나는 뱃나루는 인산인해를 이루었다.

"이승에서 두 번 다시 대감의 얼굴을 뵈올 수 없게 되었습니다."

만덕은 채제공에게 하직 인사를 올리면서 눈물을 비 오듯이 흘렸다.

"진시황과 한무제는 모두 삼신산이 있음을 말했다. 사람들이 우리 나라의 한라산을 영주라고 하고 금강산을 봉래라고 하니 그대는 제주도에서 자라 한라산의 백록담을 보고 이제 금강산을 두루 구경했다. 삼신산 가운데 두 곳을 둘러보았으나 천하의 남자들 가운데도 그대만한 이는 없을 것이다. 이제 떠나면서 아녀자의 나약한 태도가 있는 것은 무엇인가?"

채제공이 웃으면서 손수 쓴 만덕전을 건네주었다.

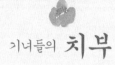

기녀들의 치부

기생들이 사내들에게 술과 웃음을 파는 것은 부귀를 위해서다. 2천여 년 전의 중국 역사학자 사마천은 ≪사기열전≫ 화식편에서 '부는 인간의 성정으로 배우지 않아도 누구나 원하는 바이다. 장수들이 전쟁터에 나가 공을 세우는 것이나 강도, 살인, 학자가 공부하는 것, 기생이 노래하고 술을 파는 것, 학자들이 학문을 연마하는 것조차 부를 얻기 위한 것이다.'라고 설파했다. 사마천의 화식열전은 오늘에 읽어도 조금도 손색이 없는 경제경영서고, 부자 만드는 책이고, 처세서고, 자기계발서다. 사마천은 기생들이 술과 웃음을 파는 것도 오로지 부를 위해서라고 했다. 그러나 조선은 교조적인 성리학에 의해 선비가 재물이나 색을 탐하면 비루하다고 여겨 기생들조차 부를 쌓는 것을 나쁘게 생각했다.

> 장흥에 돈 많은 창고지기가 있었는데 재물을 이용해 성산월을 첩으로 삼았으므로 명성이 조금 떨어졌다.

유몽인은 ≪어우야담≫에서 성산월이 돈 많은 창고지기의 첩이 되었다고 비판한다. 그러나 재산을 모으려면 근검절약을 해야 하고 인색하지 않으면 안 된다. 심노숭이 만덕이 재산을 축적할 때 남자들의 바지를 벗긴 것이 수백 벌이나 된다고 비난한 것은 부의 속성을 잘 모르고 한 말이다.

부는 일반적으로 축적, 증식, 분배의 3단계로 이루어진다. 종자돈을 시작으로 악착같이 모으는 것이 축적이고, 축적이 끝난 뒤에는 재산을 늘리는 증식을 하고, 증식으로 천금을 모은 뒤에는 가난한 사람들에게 나누어 주는 분배를 한다. 와신상담의 고사로 유명한 범려는 세 번이나 천금을 모은 뒤에 두 번이나 가난한 사람들에게 분배했고, 자린고비는 60세가 넘자 자신의 전 재산을 사회에 환원했다. 만덕 역시 기생으로 온갖 고난을 겪으면서 재산을 모은 뒤에 제주도에 흉년이 들자 구휼한 것이다.

만덕은 재산을 모아 성공한 기생이다. 그러나 기생이라고 누구나 재산을 모으는 것은 아니다. 젊었을 때는 꽃처럼 아름다운 용모로 사내들 품속을 전전하면서 호의호식하지만 늙으면 병과 가난만 남는다.

속담에 이르기를 창부가 늙으면 삼공일여三空一餘가 있다. 삼공은 세 가지가 없어지는 것인데 재산이 비고, 육체가 비고, 명성이 비는 것이다. 한 가지가 남는 것은 이야기뿐이다.

유몽인의 어우야담에 있는 이야기다. 기생이 늙으면 재산도 없고 육체는 병들어 생계마저 곤란해진다. 술과 담배에 찌들고 무절제한 성생활로 기가 빠지고, 매일 같이 분단장을 더덕더덕 해(조선시대 화장품에는 수은이나 납 성분이 많이 들어 있었다) 얼굴이 추하게 변하는 일도 있었다. 기생이 늙으면 누구도 돌보아주지 않으니 기생은 스스로 노후를 계획해야 했다.

경상도 선산에 한 기생이 있었는데, 월파정 나루에 상인이 배에 가득 생강을 싣고 오자 그를 유혹하여 생강을 모두 탕진하게 만들었다. 뒤늦게 후회를 한 상인은 시를 한 수 지었다.

멀리서 보니 늙은 말의 눈 같더니	遠看老馬目
가까이 보니 고름 든 환부 찢은 상처 같구나	近見患膿瘡
양쪽 어디에도 이빨이 없는데	兩邊皆無齒
내 배의 생강을 다 먹어 치웠구나	喫盡一船薑

이는 담정 김려의 ≪효빈잡기≫에 있는 이야기로 기생의 교활한 치부 수단을 비판한 것이다.

≪어우야담≫에는 가지ᴷ라는 이름을 갖고 있는 한양 기생이 오작인(시체를 검시할 때 직접 만지는 사람)이 시체를 지고 가는 것을 보고 그를 비난했다. 며칠 후에 오작인이 좋은 옷을 입고 돈을 많이 가지고 가지를 찾아갔다. 가지는 그가 오작인인 줄 모르고 돈을 받고 동침했다. 그가 돌아갈 때 보자기를 하나 주었는데, 풀어보니 어린아이 시체였다. 가지는 오작인의 돈을 모두 돌려주고 사과했다.

기생들이 사람을 가볍게 여기고 물자를 중하게 여기는 것이 이와 같으니 통탄할 일이로다.

유몽인은 ≪어우야담≫에서 기생들이 돈을 밝히는 세태를 통렬하게 비난했다. 그러나 아무도 돌보아주지 않은 기생의 말년을 생각할 때 기생들이 재물을 모으려고 하는 것은 살기 위한 수단에 지나지 않는다고 보아야 한다.

물결이 마르지 아니하는 한
혼백도 죽지 않으리라

진주 기생 논개

날씨는 밤이 되었어도 후텁지근했다. 건조한 공기는 더위로 부풀어 오르고 검푸른 나뭇잎을 나부끼게 하는 바람에는 눅눅한 물기가 섞여 있었다. 또 장마가 지려는 것일까. 촉석루 아래 깎아지른 듯한 바위 위에서 하얀 소복을 입고 서 있는 여인은 하늘을 바라보다가 강으로 쓸쓸하게 시선을 던졌다. 진주 남강이었다. 장마로 물이 불은 강물은 금방이라도 그녀를 집어삼킬 듯이 시퍼렇게 흐르고 있었다.

'나리께서는 정녕 순절하신 것인가? 나리가 순절했다면 나 역시 뒤

를 따르리라.'

유장하게 흐르는 강물을 내려다보던 여인의 눈에 물기가 맺히더니, 이내 구슬 같은 눈물이 방울방울 굴러 떨어졌다.

여인의 이름은 논개, 장수에서 화용월태 같은 용모와 가무로 명성을 떨치던 기생으로 진주성 전투에서 순절한 경상우병사 최경회崔慶會의 첩실이었다. 여인은 눈물을 흘리면서 입술을 달싹거려 노래를 부르기 시작했다.

울도 담도 없는 집에서 시집살이 삼 년 만에
시어머니 하시는 말씀 애야 아가 며늘아가
진주낭군 오실 터이니 진주남강 빨래 가라
진주남강 빨래 가니 산도 좋고 물도 좋아
우당탕탕 빨래하는데 난데없는 말굽소리
고개 들어 그곳 보니 하늘같은 갓을 쓰고
구름 같은 말을 타고서 못 본 듯이 지나간다

진주난봉가다. 어릴 때부터 즐겨 불렀던 노래인데 바위 위에 서자 자신도 모르게 흥얼거려졌다. 진주 여인들의 애환이 묻어 있는 노래였다.

11일 동안 치열하게 전개된 진주성 전투에 강물은 핏빛으로 변했었다. 얼마나 많은 백성들이 왜적과 싸우다가 죽었는가. 진주성이 시체로 즐비하고 피가 냇물을 이루고 흘러내린 뒤에야 전투는 끝이 났다. 그들의 함성소리와 비명소리가 아직도 귀에 쟁쟁하게 울리는 것 같았다.

'나도 서방님을 따라갈 거예요.'

여인은 강물을 내려다보면서 낮게 뇌까렸다. 며칠 동안 장마가 그치지 않아 진주 남강은 시퍼런 강물이 유장하게 흐르고 있었다.

경상우도 절도사 최경회.

그를 사랑했고 그의 아낌없는 사랑을 받았다. 그가 없는 세상은 캄캄한 암흑천지였다. 그가 떠난 이상 이 세상에 남아 있고 싶지 않았다. 촉석루에서는 왜인들의 낭자한 웃음소리가 들리고 있었다. 10만의 대군을 휘몰아 11일 만에 진주성을 함락한 왜인들이 자축하는 잔치였다.

'무도한 놈들……'

촉석루 쪽을 바라보던 여인이 시선을 옮겼다. 촉석루 쪽에는 승전 잔치를 벌이느라고 불빛이 환하고 웃음소리와 노랫소리가 낭자했다.

울도 담도 없는 집에서 시집살이 삼 년 만에

흰 빨래는 희게 빨고 검은 빨래 검게 빨아

집이라고 돌아와 보니 사랑방이 소요하다

시어머니 하시는 말씀 애야 아가 며늘아기

진주낭군 오시었으니 사랑방에 들어가라

사랑방에 나가보니 온갖 가지 안주에다

기생첩을 옆에 끼고서 권주가를 부르더라

여인은 소리를 내어 노래를 불렀다. 여인의 노랫소리가 어둠 속에서 바람을 타고 흘러가자 촉석루에서 잔치를 하던 왜군들이 웅성거리면서 몰려왔다.

울도 담도 없는 집에서 시집살이 삼 년 만에
이것을 본 며늘아기 아랫방에 물러나와
아홉 가지 약을 먹고서 목매달아 죽었더라
이 말 들은 진주낭군 버선발로 뛰어나와
내 이럴 줄 몰랐다 사랑사랑 내 사랑아
너는 죽어 꽃이 되고 나는 죽어 벌나비 되어
남녀차별 없는 곳에서 천년만년 살고지고
어화둥둥 내 사랑아

여인의 노랫소리는 혼이 실려 처연하게 울려 퍼졌다.

"계집이다!"

누군가 바위 위에서 노래를 부르는 논개를 향해 소리를 질렀다. 그러자 왜군들이 일제히 손가락질을 하면서 소리를 질렀다. 논개가 서 있는 자리는 가파른 바위 위여서 왜군들이 감히 접근하지 못하고 나오라고만 소리쳤다. 논개는 못 들은 척 계속 노래를 불렀다.

"그대는 누구인가?"

"나의 성은 주가이고 이름은 논개다. 오늘 진주성이 너희 왜적에게 함락되어 그것이 슬퍼 노래를 부르고 있다."

논개가 낭랑한 목소리로 소리를 질렀다.

"나는 일본의 장군 게야무라 로쿠스케다. 도쿠가와 이에야스의 휘

🔻 의암사적비와 논개가 뛰어내린 의암
의암은 경상남도 진주시 촉석루 아래에 있다. 논개는 이곳에서 외장을 끌어안고 거친 강물 속으로 몸을 던졌다.

하에 있다. 네가 바위 아래로 내려오면 욕을 보지 않고 부귀하게 살

게 해 주겠다.”

“호호호. 내가 부귀를 원하는지 아느냐.”

논개가 낭랑하게 웃음을 터트렸다. 그 소리는 마치 지옥의 무저갱

에서 들려오는 소리처럼 오싹한 울림을 갖고 있었다.

“이리 나오너라.”

“용기가 있으면 네가 이리 오너라. 그렇다면 너를 따라가겠다.”

논개의 말에 왜군들이 욕설을 퍼부으면서 소리를 질렀다. 그러나

바위가 험준하여 선뜻 뛰어넘는 왜군이 없었다. 그때 왜장 게야무라가 바위로 훌쩍 뛰어 올라갔다. 그 순간 논개는 게야무라를 끌어안고 시퍼런 남강으로 뛰어들었다.

첨벙!

왜군들이 깜짝 놀라서 소리를 질렀으나 파문을 이는 물소리와 함께 그들은 시퍼런 강물 속으로 가라앉고 말았다. 왜군들이 다투어 물가로 달려 내려갔으나 남강은 그들을 삼킨 채 유유히 흐를 뿐이었다.

논개는 한 떨기 꽃잎처럼 왜장을 끌어안고 남강에 몸을 던졌다. 임진왜란이 끝난 후 논개의 거룩한 순절이 알려지면서 많은 사람들이 그를 의기로 불렀다. 특히 유몽인이 ≪어우야담≫에 논개 이야기를 기록하면서 더욱 널리 알려졌다.

어렵게 피어난 사랑

논개는 전라도 장수현 출신이다. 호남읍지에 의하면 논개는 장수현 임현내면 풍천에서 출생했다. 아버지는 주달문이고 어머니는 밀양 박씨로 임진왜란이 일어나기 18년 전인 1574년 9월 3일에 태어났다. 논개의 가계가 뚜렷한 것은 그녀가 처음부터 기생이 아니라는 것을 의미한다.

그녀가 태어난 장수는 산수가 수려한 고장이라 미인들이 많이 출생했다. 논개는 어릴 때부터 유난히 총명하고 용모가 아름다웠다. 그러나 논개가 다섯 살이 되었을 때 아버지 주달문이 갑자기 병사하면서 그녀의 평범한 생애에도 변화가 일어나게 되었다. 아버지가 병으로 죽은 후 논개는 어머니와 함께 숙부 주달무의 집에서 의탁하게 되었다.

그러나 노름꾼인 주달무는 어린 논개를 같은 마을에 사는 김풍헌의 민며느리(장래에 며느리로 삼으려고 관례를 하기 전에 데려다 기르는 계집아이)로 팔아버렸다. 유일한 살붙이인 어린 딸을 김풍헌에게 보내기가 싫은 어머니는 논개와 함께 친정으로 도피했으나 김풍헌이 송사를 걸어오는 바람에 장수 관아에서 재판을 받게 되었다.

"돈을 받고 조카를 파는 것은 파렴치한 일이다. 노비는 사고 팔 수 있으나 양가良家의 자식은 사고 팔 수 없다."

장수 현감 최경회가 판결을 내렸다.

"사또의 큰 은혜를 입었습니다. 어찌 은혜를 갚아야 할런지요?"

논개의 어머니가 눈물을 흘리면서 절을 했다.

"목민관으로서 백성을 돌보는 것은 당연한 일이다. 은혜라고 생각할 일이 아니다. 너는 이제 어찌할 것이냐? 딸을 데리고 먹고 살아야 하지 않느냐?"

"관청에서 허드레 일이라도 하게 해 주시면 어린 딸을 굶기지 않겠습니다."

"그럼 너는 관청에서 허드레 일을 하고 네 딸은 관기가 되는 것이 어떠냐?"

"황송합니다."

먹고살기가 막연한 모녀는 관청에 몸을 의탁할 수밖에 없었다.

최경회는 전라남도 능주 출신으로 호남의 명유인 양응정과 기대승에게 학문을 배우고 1567년(선조 즉위년) 식년문과에 급제한 문사였다. 어린 논개는 자신을 보살펴 준 최경회에게 아버지와 같은 정을 느꼈다. 그러나 최경회가 영해 군수로 갈리는 바람에 헤어지게 되었다. 논개는 그가 떠나자 깊은 슬픔을 느끼면서 울었다.

관기는 관청의 행사에 동원되고 관장이 영을 내리면 수청을 들어야 하는 신세였으나 논개는 한사코 수청을 거절했다. 그리고 17세가 되었을 때 최경회가 담양 부사가 되었다는 소식을 듣게 되었다.

'아아, 그분이 나를 아직도 기억하고 계실까?'

논개는 최경회의 소식을 듣자 장수에서 수백리 길을 걸어 담양으로 찾아갔다.

"네가 논개란 말이냐? 이제 어른이 되었구나."

최경회는 논개를 보자 감탄했다. 논개는 한 송이 꽃처럼 아름다운 여인으로 성장해 있었다.

"사또를 뵙고자 일편단심 달려왔습니다. 비록 관기의 몸이나 굳게 절개를 지켰습니다. 저를 받아주십시오."

논개는 촉촉하게 젖은 눈으로 최경회를 바라보았다.

"나는 본처가 있는데 어쩌랴?"

최경회가 안타까운 표정으로 바라보았다.

"소인은 관기이옵니다. 어찌 감히 정실을 바라겠습니까? 그저 거두어 주시기만을 바랄 뿐이옵니다."

논개는 최경회의 첩이 되어도 좋다고 말했다. 최경회가 쾌히 허락하고 첩으로 맞아들였고, 논개는 드디어 오랜 기다림에 결실을 맺을 수 있었다.

당시 최경회는 학문이 높아 장차 대제학에 오를 것이라는 명성을 얻고 있었다. 그러나 얼마 지나지 않아 모친이 사망하여 최경회는 담양 부사직에서 사임하고 고향 화순으로 돌아가 삼년상을 치르기 시작했다. 만남 후에 바로 생이별의 시작이었다.

논개의 복수

최경회가 삼년상에 들어간 지 2년이 흘러 임진왜란이 일어났다. 최경회는 삼년상을 다 치르지 못하고 장수가 되어 전쟁터로 향해야 했다. 이로 인해 논개는 2년 만에 최경회와 다시 해후할 수 있었다.

"나는 상중이고 또한 왜적이 침입했으니 너를 가까이 할 수가 없구나."

상중에는 여자를 가까이 하지 않는 것이 사대부들의 법이다. 게다가 나라가 누란의 위기에 처한 상황이었다.

"소인이 어찌 서방님의 뜻을 모르겠습니까? 서방님을 조용히 수행하겠습니다."

최경회는 의병을 모집하여 훈련시키고, 논개는 부인들과 함께 의병들의 옷을 마련하고 밥을 지었다.

수십만의 병력으로 조선을 침략한 왜적은 파죽지세로 경상도 지방을 휩쓸고 호남으로 향했다. 최경회는 의병장에 추대되자 5백여 명을 이끌고 금산과 무주에서 전주와 남원으로 향하는 일본군을 장수에서 막아 대승을 거두고, 금산에서 퇴각하는 적을 추격하여 우지치^{牛旨峙}에서 크게 격파했다. 일본군은 배후에 최경회의 의병이 있었기 때문에 대군을 투입하지 못해 1차 진주성 전투에서 대패했다. 최경회는 의병장으로 맹활약을 하여 경상우도 절도사에 임명되어 일본군을 방어하기 위해 진주성으로 들어갔다.

"서방님께서 절도사가 되셨으니 목숨을 돌보지 않을 것이다."

논개에게는 불길한 예감이 일어나 진주성으로 달려갔다. 진주는 벌써 수만 명의 일본군들이 몰려들어 성을 공격할 준비를 하고 있었다. 논개는 간신히 일본군의 눈을 피해 성으로 잠입하여 최경회를 만날 수 있었다.

"성이 함락될 것이니 너는 성을 빠져나가 후일을 도모하라."

최경회는 논개를 만나자 반가웠으나 상황이 위태로우니 성을 빠져나가라고 지시했다.

"서방님이 적을 맞아 싸우는데 첩이 어찌 피하겠습니까? 첩도 왜적과 싸우겠습니다."

논개가 단호하게 말했다.

"아녀자가 어찌 왜적과 싸우겠느냐? 네가 성에 있으면 내가 번거로워 제대로 싸울 수가 없다."

최경회는 엄명을 내려 논개를 성 밖으로 나가게 했다. 논개는 눈물을 흘리면서 최경회에게 작별 인사를 올리고 성을 빠져 나왔다.

1593년 6월 19일 일본군은 마침내 진주성을 대대적으로 공격했다. 김천일을 비롯하여 최경회 등은 민관군을 동원하여 처절한 전투를 전개했다. 11일 동안의 치열한 전투로 시체가 산을 이루고 피가 바다처럼 흘렀다. 진주성의 조선군은 일본군을 격파할 수 있었으나 명군

🍃 논개의 모습을 복원한 영정
기생이라기보다는 현모양처 같은 풍모가 보인다. 스스로 왜군의
적장과 강물 속으로 몸을 던질 만큼 기개가 있는 여성이었다.

이 지원을 하지 않아 성이 함락되었다.

　성이 함락되자 최경회는 김천일, 고종후와 함께 죽기로 맹세하고
북향하여 두 번 절을 한 뒤에 투강시投江詩를 지었다.

　🔵 촉석루 가운데 세 장사는　　　　　　　　　矗石樓中三壯士

　　한잔 술로 장강의 물을 웃으며 가리키는구나　一杯笑指長江水

217

🏺 가슴 아픈 사연을 담고 있는 촉석루

진주성의 남쪽 남강가 벼랑 위에 우뚝 솟은 촉석루는 영남제일의 풍광을 자랑한다. 왜군은 이곳에서 전승축하연을 열었다. 논개는 촉석루 아래 강가의 의암으로 왜장을 유인하여 몸을 던졌다.

장강의 흐름이 도도하니   長江之水流滔滔

물결이 마르지 아니하는 한 혼백도 죽지 않으리라   波不渴兮魂不死

최경회는 최후까지 혈전을 벌이다가 결국 절도사의 인을 가지고 남강에 투신하여 순사했다.

'아아, 서방님이 기어이 순사하셨구나.'

논개는 성이 함락되자 비 오듯이 눈물을 흘리면서 곡을 했다.

"나라가 이 지경에 이르렀으니 살아도 죽은 것만 못하구나. 하나 그냥 죽는 것은 아무 보탬이 없으니 어찌 구덩이에 빠져 죽는 어리석은 짓을 할 수 있겠는가?"

논개는 사람들에게 말했다. 일본군과 처절한 혈투를 벌인 진주성은 참혹했다. 집집마다 시체가 쌓이고 곡성이 그치지 않았다. 일본군은 닥치는 대로 재물을 약탈하고 부녀자들을 겁탈했다. 논개는 최경회가 순국하자 혹시라도 그의 시신이 물에 떠오르지 않을까 하여 매일 같이 강가를 오르내렸으나, 최경회의 시신은 떠오르지 않았다.

일본군은 촉석루에서 진주성 함락을 축하하는 잔치를 열었다. 논개는 그들이 한창 잔치에 열중하고 있을 때 하얀 소복을 입고 가야금을 가지고 촉석루 아래 의암으로 갔다. 그것은 남자들도 쉽게 접근할 수 없는 기암절벽이었다.

'서방님, 첩이 서방님의 복수를 하겠습니다.'

가야금을 연주하고 노래를 불러 왜장을 유인한 논개는 거친 강물에 원수를 안고 몸을 던졌다.

의기

조선을 뒤흔든 기생들 중에는 시사詩詞에 능하거나, 해학을 잘하는 기생이 있는가 하면 가무에 능한 기생이 있다. 한 남자를 위해 수절하는 절기節妓, 지혜로운 기생 지기智妓가 있고 국난에 처했을 때 의로움을 행하는 의기義妓가 있다. 의기로는 평양 기생 계월향, 진주 기생 논개, 가산 기생 연홍, 제주 기생 만덕 등이 꼽힌다. 남자들에게 술과 웃음을 팔고, 남자들의 성적 노리개가 되었던 기생들이 국난에 처했을 때 의기가 되었던 까닭은 무엇일까.

기생은 교방에서 글을 배우고 시와 문장을 익힌다. 조선의 사대부들과 대화를 하기 위해 조선을 지배한 이데올로기 유학을 공부했다. 유학에서 가장 강조하는 것은 예禮다. 예는 충효로 시작되어 충효로 귀결된다. 비록 남자들에게 술과 웃음을 팔아야 하는 신분이지만 기녀들 스스로 사대부들과 같은 가치관과 정신세계를 갖고 있었기 때문에 나라가 위태로울 때 분연히 떨치고 일어난 것이다.

의를 행하는 것은 예를 행하는 것이다. 이는 조선의 기생들뿐이 아니라 양가의 여자들, 소위 사대부가 부녀자들의 정신세계까지 지배하고 관통하는 이념이었다. 그러나 예는 다분히 남성중심적이다. 남성이 죽으면 따라 죽거나 절개를 지켜 수절해야 열녀가 되고 높이 칭송받는다. 절개를 훼절 당하면 가문의 수치로 자녀안에(품행이 나쁜 여자의 소행은 적어 두던 문서) 올라 일가의 사회 진출이 억제된다.

　병자호란이 일어났을 때 인조는 비빈과 봉림대군을 강화도로 피난시키고 소현세자와 대신들을 이끌고 남한산성으로 들어가 항전했다. 이때 비빈들을 따라 피난을 가던 많은 양가의 여자들이 청나라 군사들이 들이닥치자 절개를 유린당할 것을 우려해 염하강에 뛰어들어 자진했다.

　그때 사녀士女들이 온 언덕과 들에 퍼져서 구해 달라고 울부짖다가 적의 기병이 갑자기 들이닥치니 순식간에 거의 다 차이고 밟혀 혹은 끌려가고, 혹은 바닷물에 빠져 죽어, 바람에 휘날리는 낙엽과 같았으니 참혹함이 차마 말할 수가 없었다.

　이긍익의 《연려실기술》에 있는 기록이다. 절개를 지키기 위해 바다에 빠져 죽는 여인들의 비극은 이에 그치지 않는다. 청군이 강화도에 상륙하자 피난을 와 있던 명문가의 여성들이 줄줄이 목을 매어 자진했다.

　김경징의 아들 진표는 그 아내를 다그쳐 자진하게 하고, 그 할머니와 어머니에게 말하기를, "적병이 이미 성 가까이 왔으니 죽지 않으면 욕을 볼 것입니다." 하니, 두 부인이 이어서 자결하고 일가친척의 부인으로서 같이 있던 자들도 모두 죽었는데, 진표는 홀로 죽지 않았다.

　어머니와 부인, 그리고 첩이 자진할 때 남자들은 무엇을 하고 있었는가. 김경징은 인조반정공신인 김류의 아들로, 검찰사가 되어 강화 방어의 책임을 맡았으나 홀로 달아났다. 김류의 손자인 김진표도 적과 싸우는 것보다 부인들의 절개를 지키는 일에만 급급했다. 김경징은 병자호란이 끝나자 대간들로부터 탄핵을 받았다. 인조가 원훈의 외아들이라고 하여 특별히 용서하려 했으나 탄핵이 완강해 사사되었다.

무능하고 비열한 사대부들이 자신의 안위만을 생각하고 있을 때, 의기들은 자신이 배운 바를 충실하게 실천하였다. 한편으론 조선의 지도층보다 기생들이 훌륭한 정신을 갖고 있었음을 알 수 있다.

왜장을 끌어안고 남강으로 뛰어든 진주 의기 논개의 의로움을 기리기 위해 수주 변영로가 시를 지었다.

거룩한 분노는 종교보다도 깊고
불붙는 정열은 사랑보다도 강하다
아! 강낭콩 꽃보다도 더 푸른 그 물결 위에
양귀비꽃보다도 더 붉은 그 마음 흘러라
아리땁던 그 아미 높게 흔들리며
그 석류 속 같은 입술 죽음을 입 맞추었네
아! 강남콩 꽃보다도 더 푸른 그 물결 위에
양귀비꽃보다도 더 붉은 그 마음 흘러라
흐르는 강물은 길이길이 푸르리니
그대의 꽃다운 혼 어이 아니 붉으랴
아! 강남콩 꽃보다도 더 푸른 그 물결 위에
양귀비꽃보다도 더 붉은 그 마음 흘러라

뭇 나비에 짓밟히지않았음을
세상이 알랴

함흥 기생 김섬

바람이 일 때마다 배는 가랑잎처럼 흔들렸다. 가도 가도 끝이 없을 것 같던 망망대해가 일본을 떠난 지 이틀 만에 끝나고 마침내 조선의 섬들이 보이기 시작했다. 조선 땅이 가까워지자 난간에 기대선 김섬은 자신도 모르게 눈물이 흘러내리기 시작했다. 얼마나 그리워했던 조선 땅인가. 배가 흔들릴 때마다 기우뚱거리는 몸을 난간에 의지하며 김섬은 소매로 눈물을 찍어냈다.

'살아 있으니 기어이 돌아오는구나.'

뱃전에 있는 조선인 포로들도 모두 감격하여 눈물을 흘리고 있었다. 왜란으로 포로가 된 군사들과 백성들, 그리고 아녀자들 수백 명이 눈앞에 조선의 섬들이 보이자 박수를 치면서 환호했다.

'부사께서는 어찌되셨을까?'

김섬은 동래 부사 송상현을 생각하자 아련한 그리움이 밀려왔다. 함흥 관기였던 김섬은 불과 13세의 어린 나이에 그의 첩이 되었다. 김섬이 송상현을 처음 만난 것은 그가 북평사北評事를 제수 받아 함흥에 부임했을 때였다.

"네가 북평사 나리의 천침을 들도록 해라."

교방의 행수기생이 김섬에게 지시했다. 김섬은 관기였기 때문에 송상현이 누구인지도 모른 채 방에 들어가 천침을 들었다. 그러나 송상현이 북평사로 근무하는 몇 년 동안 그의 학문이 출중하고 강직한 인물이라는 것을 알고 그를 향한 사랑이 깊어지게 되었다.

"나는 조정에 죄를 지어 파직된 몸이니 너를 데려갈 수 없구나. 내가 다시 출사하게 되면 너를 반드시 데려갈 것이다."

송상현은 3년 만에 북평사에서 파직되어 한양으로 올라가면서 김섬을 데리고 가지 않았다. 김섬은 송상현이 떠나자 매일 같이 한양 쪽을 바라보면서 하염없이 길바라기를 했다. 기생이 사대부의 사랑을 받아 첩이 되는 것은 꿈에 그리는 일이다. 김섬은 오로지 송상현만을 기다렸다. 하루가 지나고 한 달이 지나고 여러 해가 지났으나 송상현은 김섬을 부르지 않았다. 송상현은 조정에서 여러 벼슬을 한 뒤에 동래 부사가 되었을 때에야 김섬을 불렀다.

'아아, 나리께서 이제야 나를 부르시는구나.'

1591년(선조 24)의 일이었다. 함흥에서 동래까지는 3천리 길이다. 김섬이 일가친척들에게 떠나겠다고 인사를 하자 많은 친척들이 혀를 차며 만류했다.

"여자의 몸으로 어찌 그 먼 곳까지 간다는 말이냐?"

"선비는 불사이군이라고 하여 두 임금을 섬기지 않고, 아녀자는 일부종사라고 하여 한 사람의 지아비만을 섬기는 것이 예법입니다. 비록 제가 출신이 미천하여 첩밖에 될 수 없으나 어찌 지아비를 섬기지 않겠습니까?"

김섬은 부모와 일가친척들을 눈물로 작별했다. 조선시대 여자의 몸으로 3천리를 간다는 것은 결코 쉬운 일이 아니었다. 그러나 김섬은 오로지 사랑하는 송상현을 찾아 걷고 또 걸었다. 때로는 한밤중에 깊은 산속을 헤매기도 했고 때로는 비바람이 몰아치는 들판에서 길을 잃고 헤매기도 했다. 양식이 떨어져 구걸을 했고 잠은 헛간에서 잤다. 그러는 동안 신발이 떨어지고 옷은 누더기가 되어 거지꼴이 되었다.

김섬은 석 달 만에 마침내 동래부에 도착할 수 있었다. 4월에 함흥에서 출발했는데 그가 동래부에 도착한 것은 늦더위가 기승을 부리던 7월이었다.

"아아, 네가 참으로 먼 길을 왔구나."

송상현은 발이 통통 부은 김섬을 안아주면서 감격한 표정을 지었다. 김섬은 몇 년 만에 송상현의 품에 안겨 행복한 나날을 보냈다.

그러나 동래부에는 전쟁의 바람이 휘몰아치고 있었다. 일본이 전쟁을 준비하고 있다는 사실이 조정에 알려지면서 전라좌도 수군절도사에 이순신, 경상우도 수군절도사에 원균을 제수하여 전쟁에 대비하고 있었다. 동래부도 미구에 불어 닥칠 전쟁을 대비하느라고 부산했다.

"첩은 공청에 머물지 않고 밖에서 기거할 것이옵니다. 첩 때문에 나라 일을 그르치지 마소서."

김섬은 송상현이 직무를 태만히 할까 봐 부청 밖에 초가를 사서 기거했다.

전쟁이 갈라놓은 사랑

1592년(선조 25) 4월 13일, 임진왜란이 일어났다. 도요토미 히데요시는 일본을 통일하자 30만 병력을 동원하여 조선을 침략했다. 그동안의 일본 역사에 있어서 가장 많은 병력을 이끌고 해외 침략에 나선 것이었다. 고니시 유키나가小西行長가 인솔한 선봉대는 1592년 4월 14일에 병선 700여 척을 휘몰아 부산진에 상륙했다. 부산진 첨사 정발은 즉시 한양으로 파발을 보내는 한편 군사를 동원하여 방어에 나섰다. 그러나 우수한 화력과 대규모의 병력으로 침공한 일본군을 막지 못하고 무너졌다. 고니시는 부산성을 함락하자 즉시 동래로 달리기 시작했다.

"일본군이 침략을 했는데 부를 방어하는 것이 용이하지 않을 것 같다. 그대들은 즉시 동래를 떠나라."

동래부사 송상현은 부산성이 함락되었다는 소식을 듣고 두 첩 김섬과 이양녀에게 떠나라고 이르고 방어선을 펼쳤다. 이양녀는 동래를 떠났으나 김섬은 떠나지 않고 집에서 그를 기다렸다. 어느새 동래성에는 일본의 대군이 새카맣게 밀려와 성을 겹겹이 에워쌌다. 일본장수 고니시는 동래성의 방비가 철저한 것을 보자 판자에 글을 써서 내걸었다.

戰則戰不戰假我道 (전즉전부전가아도)

싸울 테면 즉시 나와서 싸우고, 싸우지 않으려면 나에게 길을 빌려달라는 뜻이었다. 이에 송상현도 판자에 글을 써서 반박했다.

死易假道難 (사이가도난)

죽기는 쉬우나 길을 빌려 줄 수는 없다는 비장한 뜻이었다.

"조선군의 결의가 확고하다. 전군은 공격하라!"

고니시는 송상현이 내건 판자를 보고 공격 명령을 내렸다. 일본군은 일제히 함성을 지르며 동래성을 향해 조총을 쏘기 시작했다. 조선군은 치열하게 항전을 했으나 일본의 조총 앞에서 활로 대항을 할 수가 없었다. 피눈물을 흘리면서 독려하는 송상현의 분전에도 불구하고 동문, 서문, 북문이 차례로 무너졌다. 일본군은 일제히 남문으로 진격했다. 남문은 동래 부사 송상현이 지휘하고 있었다.

"투항하라!"

고니시는 송상현을 에워싸고 소리를 질렀다. 송상현은 이미 전신

🔻 청주에 있는 송상현의 충렬사

송상현은 임진왜란이 일어나 왜적이 동래성에 육박하자 항전했으나 적병에게 살해되었다. 나라에 대한 충성심만큼 여인을 아낄 줄 아는 큰 마음을 품은 사내였다.

이 피투성이가 되어 일본군과 힘겹게 싸우고 있었다.

"내 어찌 비겁하게 투항을 하겠느냐?"

송상현은 장검을 휘두르며 일본군을 베기 시작했다. 고니시는 군사들에게 지시하여 송상현을 향해 일제히 조총을 발사하게 했다. 송상현은 장검을 휘두르면서 일본군과 처절한 혈전을 벌이다가 마침내 전신이 벌집처럼 되어 장렬하게 전사했다.

이양녀는 송상현의 또 다른 첩이다. 그녀의 기록을 보면, 그녀는 공을 따라서 동래로 왔다가 왜적을 피해 한양으로 피신하던 중 길을 떠난 지 하루 만에 부산성이 함몰되었다는 말을 듣고 애통해하며 말하기를 "나는 차라리 지아비 곁에서 죽겠다." 하고, 동래로 되돌아왔다.

사태가 다급해지자 송상현이 조복(관원이 조정에 나아가 하례할 때에 입던 예복)을 가져갔다. 이양녀는 송상현이 장차 절사하려 한다는 것을 알고 즉시 여종 금춘과 관아의 담장을 넘어 공이 있는 곳에 가 보았다. 하나 이미 적이 몰려들어 공은 보이지 않았고, 이양녀는 사로잡혔다. 그 후 3일 동안 적들을 쉴 새 없이 꾸짖다가 마침내 살해되었는데, 적들은 그 절개를 기특하게 여겨 관을 마련해 송상현과 함께 묻었다.

목숨을 걸고 지킨 절개

≪상촌집≫의 송동래전宋東萊傳과 신경의 재조번방지再造藩邦志에는 이양녀와 김섬이 서로 바뀌어 있다. 그러나 일본에 포로로 끌려갔다가 돌아온 강항이 일본 포로 시절 일기인 ≪간양록≫을 쓰면서 일본으로 끌려갔다가 돌아올 때 자살하려던 김섬을 만나 그 사연을 들은 기록이 있기 때문에 일본에 포로가 되었던 여인은 김섬임을 알 수 있다.

고니시의 1군이 부산성과 동래성을 함락하여 교두보를 마련하자 일본군은 속속 상륙을 감행하여 불과 며칠 만에 10만의 대군이 부산 일대에 상륙했다.

김섬은 동래성 전투가 치열하게 전개되고 있을 때 관복을 가지고 오라는 말을 듣고 여종 만개와 금춘과 함께 성에 들어갔다가 포로가 되었다.

전쟁은 부산 일대와 동래 일대를 피로 물들였다. 곳곳에서 조선인들이 학살되고 재물이 약탈되었다. 부녀자들을 포박하여 일부는 겁탈한 뒤에 살해하고 일부는 일본으로 끌고 갔다. 패전국의 부녀자들은 비참한 상황으로 몰릴 수밖에 없다. 그들은 일본으로 끌려가는 배 안에서도 유린을 당했다.

'아아, 부사께서는 어찌되셨을까?'

김섬은 일본으로 끌려가면서 망망대해를 바라보았다. 부녀자들 중에는 절조를 지키기 위해 바다로 뛰어드는 여자들도 있고 목을 매어 자진하는 여자들도 있었다. 많은 여인들이 죽음을 선택했으나 일본군의 노리개가 되어 생명을 부지하는 여인들도 있었다.

김섬은 동래 부사 송상현의 첩이라는 사실 때문에 일본군의 화제가 되었다. 그들은 다투어 김섬을 범하려고 했다. 그러나 김섬이 너무나 단호하게 거절했기 때문에 뜻을 이룰 수 없었다.

"그대가 동래 부사 송상현의 여자인가?"

"그렇다."

"송상현은 죽었다. 그러니 이제부터 나의 여자가 되는 것이 어떤가. 그대는 아름다운 여자이니 호사를 누리게 해 주겠다."

"너희들의 말을 믿을 수 없다. 가까이 오면 목숨을 끊을 것이다. 가까이 오지 마라."

김섬은 일본군이 범하려고 할 때마다 은장도를 뽑아 들고 자신의 목을 겨누었다. 그녀의 눈에서는 퍼렇게 불길이 뿜어졌다. 일본군들은 그녀를 회유하기도 하고 겁을 주기도 했다. 그러나 김섬은 한결같이 일본군의 유혹을 물리쳤다.

청주의 무덤 세 개
왼쪽이 이양녀, 오른쪽이 김섬, 뒤편이 동래부사 송상현의 무덤이다.

"그동안 늙은이만 보았으므로 거절하는 것이지 만약 나를 본다면 어찌 이와 같이 거절하리요."

일본군들 중에는 아름답게 치장을 하고 김섬을 유혹하려는 자들도 있었다. 완강하게 버텼으나 그녀는 이미 돈에 사고 팔리는 신세였다. 김섬은 여러 차례 주인이 바뀌었다. 여러 일본인들에게 팔려 다니면서 절개를 위협받았으나 김섬은 끝내 굴복하지 않았다.

"이는 참으로 절부節婦이다."

언제부터인가 일본인들은 김섬의 절개가 완고하다는 사실을 알고 인정해 주기 시작했다.

도요토미 히데요시가 김섬의 소문을 듣고 불렀다. 김섬과 많은 이야기를 나눈 그는 그녀가 시와 문장에 능하다는 사실을 알게 되었다. 그는 김섬에게 도쿠가와 이에야스의 부인과 함께 거처하게 하면서 부인들에게 글을 가르치게 했다.

김섬은 2년이 지나자 포로가 되었던 조선인들과 함께 조국으로 송환될 수 있었다. 그녀는 초량에 이를 때까지 송상현이 순절했다는 사실을 알지 못했다. 초량에 이르러 비로소 송상현이 순절했다는 사실을 알고는 곡을 한 뒤에 바다에 뛰어들어 자진하려고 했다. 이를 본 사람들이 깜짝 놀라 그녀의 허리를 잡고 만류했다.

배에는 간양록을 남긴 강항이 타고 있었다. 강항은 형조좌랑의 자리에 있었는데, 고향에 갔다가 왜군에게 포위되었고 해로로 탈출을 시도하다가 포로가 되었다. 왜군들 사이에 그가 유학자로서 상당한 경지에 이른 사람이라는 것이 알려져 이황의 성리학을 일본에 전하는 역할을 했다. 히데요시가 그의 재능을 아껴 일본 조정에 등용하려고 했으나 거절하고, 일본에 있는 동안 일본의 풍속과 정치를 빠짐없이 기록하여 노끈으로 망태기를 만들어 가지고 돌아오고 있었다.

"그대는 어찌하여 자진하려고 하는가?"

강항이 김섬에게 물었다.

"저는 동래도호부 송상현 부사의 첩으로 이름은 김섬이라고 합니다. 부사께서 순절하신 것을 모르고 왜국에서 구차한 목숨을 보존하고 있었습니다. 히데요시의 집에 의탁하고 있을 때도 그는 이를 숨겼습니다. 그 때문에 여태까지 구차하게 목숨을 보존해 온 것입니다. 삼강이 엄연히 존재하는데 죽지 않고 무엇 하겠습니까?"

김섬이 처연하게 대답했다.

"이제 만일 자진한다면 누가 그대의 결백을 인정하겠는가. 오늘의 일행 중에는 몸을 보전해서 돌아오는 부녀자가 없지 않다. 그러나 후손들은 왜인의 종자라는 비난을 면키 어렵다. 하늘이 무심하지 않아 진실이 밝혀질 것이니 참고 죽지 말라."

김섬이 강항의 말을 듣고 자진하려는 생각을 그만두었다.

큰 나무가 회오리바람을 만나 쓰러질 때	大樹飄零日
미친바람에 꽃들이 떨어지네	殘花受狂風
광풍은 스스로 그쳐 고요해졌으나	狂風終自息
떨어진 꽃은 진흙 속에 묻혀 있네	花落埋泥中
누가 진흙 속의 꽃이	誰識泥中花
벌나비에 짓밟히지 않았음을 알아주랴	不爲蝴蝶翔
비록 제 뿌리로 돌아간다고 해도	縱然歸根帶
다른 꽃들의 비웃음만 살 것을	徒爲衆芳笑

김섬의 시는 일본에 포로가 되었다가 돌아오는 자신의 한스러운 심정을 절묘하게 묘사하고 있다. 임진왜란과 병자호란으로 조선의 많은 여인들이 정절을 잃었다. 특히 병자호란 때 청국으로 끌려갔다가 돌아온 여인들은 화냥년還鄕女이라 불리며 손가락질을 받았다.

불행 중 다행으로 김섬은 송환되는 배 안에서 강혼을 만나 절개가 증명되었고, 의기로 불리게 되어 송상현과 함께 청주에 묻혔다.

기생의 존재

기생 김섬의 남편 동래 부사 송상현은 임진왜란이 일어났을 때 일본군과 혈전을 벌이다가 장렬하게 전사하여 조선의 충절로 불린다. 그런데 그의 무덤은 왜 아무 연고도 없는 청주에 있을까. 이는 선조 임금이 장렬하게 전사한 송상현의 충절을 기려 가장 좋은 길지^{吉地}에 안장하라는 영을 내렸기 때문이다.

김섬의 무덤은 송상현의 충렬사에서 700미터쯤 떨어져 있는 수의동 산 1번지에 있다. 신도비에서 193개의 계단을 걸어 올라가면 왼쪽에는 이양녀, 오른쪽에 김섬의 무덤이 있다. 뒤에는 그녀들의 지아비인 송상현의 묘소다.

송상현은 조선왕조 500년 역사에서 가장 뛰어난 충절이고 이양녀와 김섬 역시 의기로 불리는 여성들이다. 이양녀는 일본군이 점령한 동래성에 들어갔다가 일본군들에게 지조를 꺾지 않고 저항하다가 처참하게 살해된 기생이다. 이는 안왕거의 ≪열상규조^{洌上閨藻}≫에 있는 기록이나 재조변방지는 이양녀와 김섬을 바꾸어 기록하고 있다.

송상현에게는 첩이 둘이 있었으니, 하나는 이름이 김섬인데 함흥 기생으로서 얼굴이 잘나고 재주가 있었다. 나이 열세 살에 송상현을 따라왔다. 일찍이 아버지의 상사를 당하여 극진히 애통해하니 송상현이 항상 그 절

조를 중히 여겼다. 이때에 이르러 일이 급함에 송상현이 조복을 가져오게
하니 김섬이 그가 죽으려는 것을 알고 곧 여종과 함께 담을 넘어 송상현의
처소로 가니 적이 이미 모여들어 송상현을 죽였다. 김섬도 사로잡혔지만
꾸짖는 소리가 입에서 끊어지지 아니하다가 사흘 만에 드디어 죽임을 당
하였다.

김섬은 여인의 몸이었고 한낱 기생첩이었으나 일본인들의 위협에도 굴
하지 않고 침략 행위를 꾸짖고 시퍼런 칼날 앞에서도 절개를 지키며 저항
하다가 살해되었다. 남자들도 달아나기에 급급했는데 여인의 몸으로 당당
하게 맞섰으니 그 충절이 눈물겹다. 다만 기록이 김섬과 이양녀가 뒤바뀌
어 있어서 혼란스러우나 김섬이나 이양녀 모두 드물게 충절로 이름이 높
은 기생들이다.

이들의 충절이나 순절을 떠나서 여성들의 삶이라는 측면에서 살펴볼
때 기생들의 지난한 인생역정이 드러난다. 송상현은 본처가 있는데도 두
여인을 첩으로 두고 있다. 이것은 송상현의 잘못이 아니라 당시 기생들의
비참한 처지를 살필 수 있는 대목이다.

조선시대는 첩도 권력의 상징이었다. 벼슬이 높은 사대부들뿐 아니라
일반 사대부들도 첩을 하나 둘쯤 거느려야 체면이 선다고 생각했던 시대
였다.

제4부

冬은 이별이다

실연의 아픔을 감당해야
했던 여인들

율곡 이이와
플라토닉 러브에 빠지다

황주 기생 유지

동서고금을 막론하고 한 시대를 풍미한 예술가나 학자들에게는 아름다운 러브 스토리가 있다. 특히 예술가들에게는 이루지 못하는 사랑이 불후의 명작을 남기는 원천이 된다. 사랑에 대한 열정과 사랑을 잃어버린 절망이 작품에 영혼을 불어넣는다. 예술가들은 고독하고, 그 고독을 작품에 대한 열정으로 대신하는데, 때때로 이 열정이 사랑으로 나타나기도 한다.

율곡 이이는 퇴계 이황과 함께 조선시대 중기 이후 조선 사대부들의 정신세계를 이끌어 온 인물이다. 그의 학문은 새삼스럽게 거론할 필요도 없거니와, 황해도 관찰사를 지낼 때 처음 만난 한 기생과의 애틋한 사랑은 많은 사람들의 심금을 울렸다. 꼿꼿한 선비라고만 알려진 이이는 조선시대에 드물게 기생과 새벽이슬처럼 맑고 깨끗한 사랑을 나누어 물욕이 지배하는 우리의 정신세계를 청량제처럼 시원하게 해 준다.

어린 기생을 만나 마음이 설레다

1574년(선조 7) 해주 감영에 있는 선화당의 별채였다. 시중을 들 기생이 문안을 올린다는 말에 서책을 들여다보고 있던 이이가 고개를 들었다. 주안상을 든 관비의 뒤를 따라 들어온 어린 기생이 다소곳이 머리를 숙이고 있었다. 머리를 땋은 것으로 보아 아직 관례를 올리지 않았고, 관례를 올리지 않았으니 동기童妓일 것이다.

이이는 자신도 모르게 눈 앞이 환해지는 기분이었다. 곱게 단장한 어린 기녀는 이제 막 피어난 꽃처럼 아름다웠다. 머리가 칠흑처럼 곱고 살결이 빙설처럼 하얗다. 이이는 동기를 본 순간 가슴이 찌르르 울리는 것을 느꼈다. 이제 12, 3세나 되었을까. 동기라고 해도 여자는 여자인 것이다. 동기의 미모는 눈이 부셔서 감히 쳐다보기도 어렵다.

"천기 유지柳枝가 인사 올립니다."

관비가 주안상을 내려놓고 뒷걸음으로 조용히 물러가자 유지가 나부시 절을 했다.

🌷 율곡이 말년을 보낸 파주의 화석정

율곡은 이곳에서 많은 시를 남겼다. 바로 밑을 흐르는 임진강을 굽어볼 수 있고, 난간에 기대어 보면 서울의 삼각산과 개성의 오관산이 아득하게 보인다. 대학자의 마지막이 머문 곳이라 해도 손색이 없을 만큼 운치가 좋은 곳이다.

이이는 묵연히 바라보다가 눈살을 찌푸렸다. 저 어린 것에게 수청을 들라고 보낸 것인가. 기생이니 모르는 체하고 품어도 비난할 사람은 없으나 나이가 너무 어리지 않는가. 이미 불혹의 나이에 이른 이이였다. 황해도 관찰사로 나온 1574년 나이 39세였다. 미처 피지도 않은 꽃을 꺾는 것은 잔인한 일이 아닐 수 없었다.

"몇 살인고?"

이이는 속으로 탄식을 하면서 유지의 얼굴을 살핀다.

"열두 살이옵니다."

유지가 무릎을 꿇고 앉아서 다소곳이 대답을 한다.

"네 어미도 기적에 있었느냐?"

"어릴 때 조실부모하여 잘 알지 못하오나 어미는 양가의 여인이옵고 아비는 선비였사옵니다. 아버님께서 글을 배우던 중 병사하여 기적에 들게 되었습니다."

유지는 유력한 선비의 딸이었으나 어린 나이에 부모가 죽어 먹고살 길이 없어서 기적에 들게 된 양가의 딸이라고 했다. 그래서인지 행동거지가 음전하고 말투가 온순했다.

"시침을 들려고 온 것이냐?"

이이가 웃으며 물었다. 시침을 들기에는 지나치게 어린 소녀였다.

"행수기생의 명을 받았습니다."

영을 내리면 수청을 들겠다는 말이다. 목소리가 의외로 맑고 또렷하다. 관기이니 관찰사의 수청을 드는 것은 당연한 일일 테고, 관찰사의 눈에 들면 첩실이 되거나 한 재산 얻을 수도 있다. 관찰사의 수청은 오히려 기생들이 소망하는 것이다.

"어린 너와 호합을 하면 짐승이 되겠지. 수종이나 들거라."

하인 노릇이나 하라는 뜻이다. 청소하고 빨래하는 관비는 따로 있다. 그런데도 기생에게 수종을 하라고 하는 것은 육체적인 관계를 갖지 않아도 곁에 두겠다는 말인 것이다.

황주 고을에서 황해도 관찰사인 그에게 시침을 들라고 보낸 기생이었다. 그러나 유지가 너무 어렸기 때문에 이이는 술시중을 들게 하기는 했으나 차마 호합을 하지는 않았다.

이이는 언제나 유지를 옆에 두고 귀여워했다. 공무가 끝나면 그녀가 기다리는 안방으로 돌아와 도란도란 이야기를 나누고 그녀의 재롱을 보면서 즐겁게 지냈다.

서쪽 바닷가에 아름다운 사람 있으니	若有人兮海之西
맑은 기운이 모여 선녀로 태어났구나	鍾淑氣兮稟仙姿
어여쁘도다! 그 뜻과 자태여	綽約兮意態
맑고 곱도다! 그 얼굴과 말씨여	瑩婉兮色辭
가을 새벽 맑은 이슬 같은 것이	金莖兮沆瀣
어쩌다 길섶에서 피어났느냐	胡爲委乎路傍
봄이 무르익어 꽃들이 봉오리를 터트리건만	春丰兮花綻
부귀한 집으로 가지 못했구나	不遷金屋兮
실로 국향이 애석하도다!	哀此國香

이이는 유지사에서 그녀의 아름다움을 극찬하고 있다. 국향이라고 부를 정도로 절색인데 고관대작의 집에서 태어나지 못하고 노류장화로 태어난 것을 애석해하고 있다. 유지는 이이가 사랑한 기생의 이름이 아니다. 유지는 버들가지니 그저 기생이라는 뜻이다.

| 아침저녁으로 유지가를 탐내어 듣는 것이리라 | 朝昏貪聽柳枝歌 |

이규보가 박인저가 집에 기녀 하나를 두고 있어서 풍자한 시의 일부다. 이이가 유지에게 바친 사랑은 현대적 관점으로 보면 롤리타 신드롬이라고 볼 수 있다. 그러나 영혼이 깨끗한 이이는 자신의 욕망을 억제하여 꽃을 꺾지 않는다.

🌷 율곡 이이의 유지사

한 사람의 남자로 한 여인에 대한 사랑이 담긴 글이다. 이이의 빼어난 글솜씨는 물론, 대학
자의 진정성을 엿볼 수 있다.

차마 품을 수 없는 사내의 마음

이이는 황해도 관찰사에서 갈리어 한양으로 돌아왔다. 이로부터 9
년 후인 1582년, 이이는 명나라 사신 황홍헌을 마중하기 위해 원접
사가 되어 평양으로 갔다. 이때 원접사인 이이를 모시기 위해 유지가
배정되었다.

그동안 유지를 잊지 않은 이이는 눈앞의 기생을 보고 깜짝 놀랐다.
9년이라는 세월이 흘러 어느 사이에 21세가 된 유지는 만개한 꽃처
럼 눈부시게 아름다웠다. 기생 나이 20세가 넘으면 노기 취급을 받는
다. 유지 또한 머리를 올려 누군가가 관례를 올려주었다는 사실을 알
수 있었다. 길가에 핀 꽃이니 이미 뭇 남성들의 손을 탔을 것이다. 그
러나 세월도 그녀의 아름다움을 꺾을 수 없었는지, 성숙미가 더해진
유지는 이이의 마음을 한번에 뒤흔들 만큼 매혹적이었다.

유지는 또한 이이를 보자 마음이 흔들렸다. 이이가 누구인가. 기호
학파의 영수로 구름 같은 제자들을 거느리고 있는 대학자다. 어릴 때

한 번 보았으나, 대학자 이이와의 만남은 특별할 수밖에 없었다.

유지는 은밀한 정을 표현했다. 그러나 이이는 받아들이지 않았다. 유지의 사랑을 받아들이지 않은 이이의 본심은 다음의 시에서 잘 드러나 있다.

혼인할 좋은 때를 놓쳐 버렸으니	失氷洋洋佳期
네 뜻을 좇아 통하는 일은 참아야지	忍相從兮鑽穴
날이 훤하게 밝도록 잠을 이루지 못하고	明發兮不寐
너를 내려다보니 정한만 가득 차네	恨盈盈兮臨

이이는 유지에게서 욕망만을 채우려고 하지 않았다. 나란히 누웠으나 손도 잡지 않았다. 날이 훤하게 밝아 곤하게 잠이 든 유지의 아리따운 얼굴을 내려다보니 사모의 정이 가슴속에 가득 차올랐다. 그는 유지를 품는다면 첩으로라도 들여앉혀 그녀의 삶을 보장해 주어야 한다고 생각했다. 그러나 사정이 여의치 않았다. 그렇다고 사람들 몰래 육체적인 사랑을 나누고 그녀를 버리고 싶지는 않았다.

한밤중에 찾아온 여인

이이는 해가 바뀌자 황주에 있는 누님의 병문안을 가게 되었다. 유지가 마침 이이를 찾아와 그들은 여러 날 동안 같이 술을 마시면서 애틋한 정을 나누었다.

🌷 율곡 이이

어린 기생 유지와 만나 연정을 품은 후 평생 애틋
한 사랑을 간직한다. 병을 얻어 49세의 일기로
새벽에 사망하였다.

　병문안을 마치고 유지와도 작별한 이이는 한양으로 돌아오다가 강
마을에 이르러 절에 머물게 되었다. 밤이 이슥한데 누군가 문을 두드
렸다. 조용히 문을 열어 보니 뜻밖에 유지가 서 있었다. 유지는 방긋
웃으면서 방으로 들어왔다.

　"이미 작별을 하였는데 어쩐 일인고?"

　이이는 반가우면서도 의아하여 물었다.

　"대감의 명성이 사방에 가득하여 사모하지 않는 사람이 없는데 소
인이라고 어찌 다를 수 있겠습니까? 여색을 가까이 하지 않으니 더욱
탄복합니다. 이제 떠나면 다시 뵈올 길이 없을 것 같아 그리운 정을
나누고자 찾아왔습니다."

　다소곳이 앉은 유지가 흰 이를 드러내놓고 웃으면서 말했다.

　이이는 밤길을 마다하지 않고 걸어온 유지의 정성에 감탄했다. 이
루지 못한 정한을 유지는 끝내 놓을 수 없었나 보다. 어느 여인이 혜

어진 남자를 다시 보기 위해 수백 리 밤길을 걸어오겠는가.

이이는 불을 밝히고 유지와 같이 앉아서 이야기를 나누기 시작했다. 이 밤이 지나면 헤어지는 것이 안타까워서일까, 오늘밤 유지가 더욱 아름다웠다. 달맞이꽃처럼 희디흰 얼굴이 수려하고 천연하여 가슴을 뛰게 했다.

그러나 그날 밤도 이이는 유지를 품지 않았다. 자신이 유지와 함께 자면 모든 사람이 꺼리어 유지를 찾지 않을 것이다. 그 생각에 이이는 유지와 마음의 정을 나누었으나 육체적인 사랑은 나누지 않았다고 고백하는 유지사를 남긴다. 기생은 관가에 소속되어 있지만 공식적으로 녹미가 나오는 것은 아니다. 따로 집에 살면서 손님들의 연회에 불려가 돈을 받고 손님들에게 술을 팔아 삶을 영위한다. 유지가 이이의 여자라는 소문이 퍼지면 그녀의 살림은 궁색해질 것이다. 이이는 유지를 깊이 사랑했기 때문에 하룻밤의 정욕을 해소하는 대상으로 삼지 않았다.

이이와 유지는 같은 방에 나란히 누웠으나 도란도란 이야기를 할 뿐 손도 잡지 않았다. 이이는 유지처럼 아름다운 여인이 기생이 된 것을 안타까워하면서 고관대작의 첩실이 되어 부귀를 누리지 못하는 것을 자신의 일처럼 슬퍼한다.

처음 만났을 때는 미처 피지 않아   昔相見兮未開

서로 훔쳐보며 애틋한 정만 나누었고   情脈脈兮相通

반가운 소식 가버리니 차고 메말라   青鳥去兮寒慉

먼 계획 어긋나 헛일이 되었네   遠計參差兮墮空

이런저런 좋은 약속 다 놓쳤으니	展轉兮愆期
허리의 패옥을 풀 날은 언제일까	解佩兮何時日
노년에 와서야 다시 만나니	黃昏兮邂逅
허리는 굽었으나 옛 모습 그대로구나	宛乎昔之容儀

유지를 처음 만났을 때는 너무 어려서 차마 품을 수가 없었다. 9년 후, 원접사가 되어 다시 만났을 때는 이런저런 계획만 세우다가 기회를 놓쳤다. 누이의 병문안을 갔을 때는 이이는 늙은 뒤였다. 농염한 여인으로 성숙한 유지를 품고 싶어도 몸이 늙어 말을 듣지 않는다. 마치바스러져가는 갈잎처럼 사랑이 재만 남은 것을 안타깝게 술회한다.

세월이 어찌 이렇게 빨리 흐르는가	曾日月兮幾何
인생이 무성한 잎사귀와 같이 푸르렀으나	悵綠葉兮成陰
어느 사이에 늙어 여자의 문 앞에서	矧余衰兮開閤
티끌 같은 정욕 재가 되었네	對六塵兮灰心
저 눈부시게 아름다운 여인아	彼姝子兮婉變
사랑의 눈길을 돌려서 나를 보라	秋波回兮春之
황강 땅에 수레 달릴 때	適駕言兮黃岡
길은 구불구불 부러 더디 오노라	路委遲兮追遠

사랑은 오랜 세월이 흘러도 변치 않는다. 육체의 사랑이 아닌 가슴속 깊은 사랑은 더욱 그러하다. 이이는 유지를 만났지만 이미 노년의 나이였다. 욕망은 싸늘하게 식어서 재가 되어 버렸다. 그런데도 더

욱 아름다워진 유지는 그에게 사랑을 갈망하는 눈길을 보냈다.

　육체의 사랑만 사랑인가. 육체는 늙었어도 정신은 더욱 젊어졌다. 이이는 사랑을 갈망하는 유지의 그 눈길이 부담스러워 말을 재촉하지만 유지와 헤어지기 싫어 부러 걸음을 늦게 했다고 고백한다.

절간 앞의 쑥대밭에서 수레 머물고	駐余車兮蕭寺
강가에서 쉬면서 말을 먹일 때	秣余馬兮江湄
어찌 알았으랴, 어여쁜 이 멀리 따라와	豈料粲者兮遠追
밤이 되자 내 방문 두들길 줄을	忽入夜兮扣扉
먼 들판에 달빛은 캄캄하고	逈野兮月黑
적막한 숲에 호랑이 우는데	虎嘯兮空林
나를 뒤밟아 온 것은 무슨 까닭인가	履我卽兮何意
옛정을 가슴에 품었기 때문이라네	懷舊日之德音

　절에서 잠을 자는데 유지가 밤중에 찾아왔다. 이이가 이미 작별을 했는데 어쩐 일로 왔느냐고 묻자 덕음(이이에 대한 사림의 명성) 때문이라고 말한다. 정녕 유지는 명성 때문에 이이를 찾아온 것일까. 유지는 자신을 한 번도 품어주지 않은 이이가 야속했을 것이다. 단 한 번이라도 품어주기를 바라면서 수백 리 길을 뒤밟아 오다가 밤이 되자 이이의 방문을 두드렸지만 차마 사랑 때문이라고는 말하지 않고 명성 때문이라고 속내를 숨긴다.

문을 닫는 것은 인정을 버리는 일	閉門兮傷仁
동침을 하는 것은 의리를 버리는 일	同寢兮害義

방 한가운데 가로막은 병풍을 걷어치웠으나	撤去兮屛障
자리도 따로 이불도 따로	異牀兮異被
어여쁜 정을 다 못 이루고 어그러져	恩未畢兮事乖
촛불을 밝히고 밤을 새우네	夜達曙兮明燭
하늘이야 속일 수 없지	天君兮不欺
그윽한 방에도 강림하여 보시니	赫臨兮幽室

머나먼 길을 찾아왔으니 문을 닫고 내칠 수도 없다. 만약에 유지를 밤중에 돌려보냈다면 그의 마음이 더욱 서러웠을 것이다. 같이 눕는 것은 옳지 않지만 찾아온 여인을 어찌하랴. 병풍을 사이에 두고 누워야 마땅하지만 자리와 이불만 따로 하고 나란히 누워서 밤을 새웠다.

그토록 오랜 세월을 그리워했으나 이이는 고고한 선비의 지조를 지킨다. 참으로 안타까운 일이 아닌가. 이이는 늙어서 육진六塵(색色, 성聲, 향香, 미味, 촉觸, 법法 등 불교에서 말하는 육경)이 타버려서 재가 되었다고 하지만 선비의 지조를 지키려는 구실로 보인다. 그는 후세의 평판을 염려하여 '그날 밤 따로 잔 것을 사람들은 의심하지 말라. 하늘이 보고 있었을 것이다'라고 자신의 결백을 주장했다.

하늘에 바람 불더니 바다에 파도가 일고	天風兮海濤
노래 한 곡조 부르니 처량하고 슬프구나	歌一曲兮悽悲
굳은 내 본심 교결하여라	緊本心兮皎潔
강물에 잠긴 차가운 달이로다	湛秋江之寒月
마음속에 싸움이 구름처럼 일어나는데	心兵起兮如雲

250

그 중에 색욕이 가장 더러운 것이라	衆受穢於見色
사나이 욕망이야 본래부터 변하지 않는 것	士之耽兮固非
계집이 뿜는 욕망은 더욱 요염해	女之耽兮尤惑
마땅히 시선을 거두어 근원을 맑게 하고	宜收視兮澄源
처음처럼 밝은 근본으로 돌아가라	復厥初兮淸明
내세가 있다는 말이 허언이 아니라면	倘三生兮不處
장차 부용성에 가서 너를 만나리	逝將遇爾於芙蓉之城

밤이 깊어 여인과 나란히 누우니 범하려는 마음과 금하는 마음이
번갈아 일어났다. 이불을 따로 펴고 누웠으나 여인이 뿜어대는 염기
는 뇌쇄적이다. 어쩌면 이날 밤 유지와 함께 보낸 것이 이이에게는
고문이었을 수도 있다. 그러나 이이는 끝까지 자신의 신념을 지켰다.
그러면서도 유지와 내세에서 다시 만나기를 간절하게 기원한다.

가슴 깊이 간직한 사랑은 남아

이이는 1536년(중종 31)에 강릉에서 태어나 1584년(선조 17) 불과 49
세의 나이로 생을 하직했다. 그가 죽자 소식을 들은 선조는 너무도
놀라서 소리를 내어 통곡했으며 3일 동안 소선素膳을 들었다고 실록에
기록되었다. 이이의 모친은 저 유명한 사임당 신씨로, 그는 어머니의
훈육을 받아 8세 때에 이미 문장으로 명성을 떨쳤다.
　백관의 요우僚友와 관학館學의 제생諸生, 위졸衛卒·시민市民, 그 밖의 서관庶

251

官·이서^{吏胥}·복례^{僕隸}들까지도 모두 달려와 모여 통곡했으며, 궁벽한 마을의 일반 백성들도 더러는 서로 위로하며 눈물을 흘리면서 '우리 백성들이 복이 없기도 하다.' 하였다. 발인하는 날 밤에는 멀고 가까운 곳에서 집결하여 전송하였는데, 횃불이 하늘을 밝히며 수십 리에 끊이지 않았다. 이이는 서울에 집이 없었으며 집안에는 남은 곡식이 없었다. 친우들이 수의^{襚衣}와 부의^{賻儀}를 거두어 염하여 장례를 치른 뒤 조그마한 집을 사서 가족에게 주었으나 그래도 가족들은 살아갈 방도가 없었다. 서자 두 사람이 있었다.

실록의 기록으로 그의 죽음에 수많은 사람들이 애통해했다는 것을 알 수 있다. 그렇다면 애틋한 사랑의 주인공 유지는 어찌되었는가. 유지는 강가의 한 절에서 이이와 하룻밤을 보내고 얼마 되지 않아 이이가 죽었다는 말을 듣고 스스로 3년 동안 졸곡례를 지냈다고 한다.

> 하늘의 자태인가, 산녀처럼 아름답구나   天姿綽約一仙娥
> 십 년을 알고 지내 생각과 자태 익숙하네   十載相知意態多
> 내가 목석이 아니건만   不是吳兒腸木石
> 병들고 늙은 까닭에 옛 인연을 사절하는 것일세   古緣病衰謝芬華

이이는 유지사 외에도 세 편의 아름다운 시를 더 남겼다. 율곡의 나이 49세, 지금으로 말하면 중년에 불과하지만 이이는 늙고 병들어서 유지와의 사랑을 사양한다고 고백한다. 이로 미루어 이이는 말년에 병마에 시달린 것으로 보인다. 유지에 대한 그의 시는 조금도 가식이 없다.

> 슬픔을 머금고 정인을 떠나보내지만　　　　含悽遠送似情人
> 서로 마음으로 깊은 사랑 나누었네　　　　只爲相看面目親
> 다시 태어나면 네 말대로 따르겠지만　　　　更作尹邢說爾念
> 병든 사내라 마음조차 재로 변했네　　　　病夫心事已灰盡

이이는 슬픔을 머금고 사랑하는 정인을 떠나보낸다. 서로 얼굴만 대하고 10년 동안 알고 지냈으나 가슴속 깊이 간직한 사랑이었다. 다시 태어날 수 있다면 너의 말대로 육체의 정을 나눌 것이다. 그러나 지금은 늙고 병들어 마음조차 재로 변했다. 조선을 뒤흔든 천재 학자의 쓸쓸한 회고다.

> 길섶에 버려진 향기로운 꽃 아까워라　　　　每惜天香棄路傍
> 운영처럼 배항을 어찌 만나겠는가　　　　雲英何日遇裵航
> 우리가 함께 신선이 될 수 없는 일이라　　　　瓊漿玉杵非吾事
> 이별할 때 짧은 글을 써주고 돌려보내네　　　　臨別還邀贈短章

율곡 이이의 세 편의 시와 유지사는 더없이 아름다운 연가다. 성인으로 떠받들어지는 이이가 이런 연시를 남긴 것도 놀라운 일이거니와 이처럼 글을 통해 여인에 대한 유지에 대한 사랑을 절절하게 고백한 것은 조선시대 문집에서 찾아보기 어려운 일이다.

위선과 허위에 가득 찬
조선 사대부의 기생관

율곡 이이와 유지의 사랑은 플라토닉 한 사랑이라고 볼 수 있으나 어떤 면에서는 진정한 사랑을 숨기고 있다고 보아야 할 것이다. 율곡은 유지를 처음 만났을 때 나이가 어려서 동침을 하지 못했고 유지가 성인이 되었을 때는 기호학파의 종사인 체면 때문에 그녀를 가까이 하지 못했다. 사대부는 색을 멀리해야 한다는 것이 그의 정신세계를 지배하고 있었다.

유지는 율곡을 진정으로 사랑했을까. 율곡이 무엇 때문에 또 찾아왔느냐고 묻자 유지는 명성 때문에 찾아왔다고 대답하여 본심을 숨긴다. 그러나 율곡의 사랑은 진심이었다. 그는 유지와 육체적인 사랑을 나누지는 않았으나 유지사 외에도 세 편의 시를 남겨 본심을 토로하고 있다.

김창협은 숙종 때의 학자로 예조판서를 지내고 관서관찰사를 지냈다. 관찰사였기 때문에 많은 기생들이 그의 사랑을 얻으려고 했으나 뜻을 이루지 못했다. 김창협이 임기가 끝나 돌아가려고 할 때 계향이라는 유명한 기생이 손이라도 한 번 잡아보게 해달라고 청했다. 김창협이 마지못해 한삼汗衫으로 손을 가리고 내밀었다. 계향이 어이가 없어서 시를 한 수 지었다.

시심 없는 저 사객 채색에는 장님이요   無詩使客丹青
색을 멀리하는 저 남자 부귀한 중인가 하네   遠色男兒富貴僧

254

계향은 김창협을 술로 전송하고 끝내 정을 나누지 못했다. 이는 김창협의 마음 깊은 곳에 색을 멀리하려는 생각이 뿌리 깊이 박혀 있었기 때문이다. 성리학의 기초를 이룬 점필재 김종직이 합천에 이르렀을 때 합천교관이 기생을 보내 접대하려고 했다. 그러자 김종직은 '번뇌하는 나그네 무산으로 향하게 하지 말라. 나는 아직 수양만 하고 있네.'라고 기생을 거절했다.

조광조는 학문에 열중할 때 이웃집 여종이 글 읽는 소리에 감동하여 사랑을 호소하자 회초리로 때려서 내보냈는데, 조선시대 사대부들은 이를 미담이라고 주장하고 있다. 사대부들은 기생을 사랑하면서도 기생과 사랑을 나누는 것을 수치스럽게 생각했다.

석개는 가무를 잘하여 당시에 견줄 만한 이가 없었는데, 영의정 홍섬이 절구 3수를 지어 주고 좌의정 정유길, 영의정 노수신, 좌의정 김귀영, 영의정 이산해, 좌의정 정철, 우의정 이양원과 내가 연이어 화답하고, 기타 재상들도 많이 화답해서 드디어 큰 시첩이 되었다. 천한 여자의 몸으로 여러 명상들의 시를 얻었으니, 빼어난 예술이야 어찌 귀하지 않으리오.

심수경의 《견한잡록》에 있는 기록으로 당대의 가객인 석개를 천한 여자라고 말하고 있다.

무릇 기생은 요물이니 가까이해선 안 된다.

다산 정약용은 ≪목민심서≫에서 목민관은 기생을 가까이 해서 안 된
다고 못 박았다. 그러나 휴직을 하는 동안 기생과 지낸 일을 기록으로 남
기는 이중성을 보인다.

황주 목사 조영경이 나를 위해 기녀와 음악, 술과 음식을 마련해 주었으
며, 안악 군수 박재순도 춤추는 아이들 네 명을 보내와 황창무^{黃昌舞}를 추고
포구악^{抛毬樂}을 연주하여 나를 즐겁게 해 주었다. 나는 두 분의 뜻에 감격하
여 즐겁게 놀았으며, 또 시를 지어 그 일을 읊었다.

황주 ≪월파루기^{月波樓記}≫에 있는 기록이다. 이처럼 조선시대 사대부들
의 기생관은 이중성을 띠고 있다.

풍류남아의
부질없는 약속을 믿다

평양 기생 동정춘

"춘아……."

이명 같은 울림이었기 때문에 환청인 줄 번연히 알면서도 눈을 번쩍 떴다. 낮에 열어놓은 문을 아직 닫지 않았는가. 달빛이 처연하게 밝은 가운데 배꽃이 분분히 날리는 뜰이 내다보였다. 오지도 않을 사람을 행여나 하고 기다리면서 문을 열어놓고 누워 있다가 깜박 잠이 든 모양이었다. 아니 층층나락으로 굴러 떨어져 저승 문턱까지 갔다가 원이 깊고 한이 사무쳐서 되돌아오던 길인지 몰랐다. 북망 가는 길이 이리도 음산한 것일까. 처연하게 밝은 달빛이 하얀 배꽃에 부서지고 미끄러지면서 만든 그림자는 흡사 지옥의 무저갱에서 울부짖던 아귀들이 땅 밖으로 솟아나오려고 숨어 있는 것처럼 음산했다.

왜 이렇게 그가 보고 싶은 것일까.

나는 그를 정녕 사랑한 것일까. 한 번 떠나면 다시는 돌아오지 않음을 번연히 알면서도 무수히 약속을 하고 또 약속을 했었다.

"서방님께서는 흰머리가 파뿌리가 되도록 저와 생사고락을 같이 할 건가요?"

"아무렴."

"귀하신 서방님이 어찌 기생과 해로를 하겠어요? 모두 다 거짓일 거예요."

"이렇게 어여쁜 너와 해로를 하지 않으면 누구와 해로를 하겠느냐? 내가 사랑하는 이는 진정 너밖에 없느니라."

"서방님, 서방님…… 제가 예쁜가요?"

"네 모든 것이 다 예쁘구나. 칠윤의 머리와 아미와 같은 눈썹, 앵두 같은 입술…… 조물주가 어찌 너를 이렇게 어여쁘게 만들었느냐?"

"서방님, 무릎에 앉을 테야요."

"그러렴. 내 무릎에 누워서 잠을 자거라. 나는 네가 잠든 모습을 내려다보고 있으마."

"저는 죽으면 평양 칠성문 밖 선연동에 묻힐 거예요."

"그러면 나도 선연동에 묻혀야겠다."

거짓일 거라고 생각했다. 고귀한 사대부요, 조정명관이 기생들이 죽으면 묻히는 선영동에 묻힐 까닭이 없었다. 그래도 서방님의 말이 위로가 되고, 큰 보화를 얻은 듯 든든한 것이 여자의 마음이었다.

기생의 첫사랑

동정춘은 어릴 때부터 교방에서 기예를 배웠다. 15세에 머리를 얹고 첫 남자를 몸속에 받아들였다. 여자로서 성숙하지 않았기 때문에 남자를 받아들이는 일은 참으로 수치스럽고 고통스러웠다. 동정춘은 남자를 몸속에 받아들이면서 이를 악물고 울음을 참았다. 기생이 될 수밖에 없었던 자신의 기구한 운명을 저주했다.

"이것아, 기생이란 그런 것이다."

이튿날 아침, 이불자락을 뒤집어쓰고 있는 동정춘에게 일행수가 타박을 주면서 한 말이다.

기생이란 그런 것이다.

기생이란 자신의 의지와 상관없이 남자를 몸속에 받아들이는 것이다. 동정춘은 그 말을 듣자 입술을 피가 나도록 깨물었다. 이제 비로소 기생이 무엇인지 희미하게 알 수 있을 것 같았다.

평양은 색향인 데다 서북 지방의 가장 큰 성시城市여서 물산이 풍부하고 기생들이 많았다. 평양 감영에서는 1년에 수십 차례의 향연이 열리고 색향을 찾아오는 한량들도 적지 않았다. 동정춘은 평양 감사 향연을 비롯하여 많은 잔치에 불려가 노래를 부르고 춤을 추었다. 어린 나이였지만 밤에는 뭇 남자들의 품을 전전했다.

그녀의 나이 19세였을 때 이조정랑 심수경이 공무로 평양에 왔다.

감영에서 심수경의 시중을 들라고 동정춘에게 영을 내렸다. 동정춘은 심수경을 보자 얼굴이 붉게 물들고 가슴이 설레었다. 생애 처음으로 사랑에 빠진 것이다. 심수경을 보기만 해도 가슴이 뛰었고 그의 품에 안겨 있으면 구름 위를 걷는 것처럼 행복했다. 그러나 심수경은 사랑의 추억을 남겨 놓고 한양으로 돌아갔고, 그때부터 동정춘의 가슴앓이는 시작되었다.

思君不見 未堪生別之苦 寧欲死而同穴 近將歸于嬋娟洞……

그대를 사랑하는 마음 잊지 못하니 생이별의 고통 참기 어렵습니다. 차라리 함께 죽어 선연동에 묻히기를 바라니 첩은 머지않아 선연동으로 돌아갈 것입니다……

심수경을 향한 그리움에 병이 깊어간 동정춘이 심수경에게 보낸 편지다. 동정춘은 항상 자신이 죽으면 직제학直提學 심수경의 첩이라고 비석을 세워 달라고 친척들에게 부탁하고는 했다. 살아서는 기생의 업을 지고 있지만, 죽어서라도 한 남자의 부인이 되고 싶어 한 것이다.

동정춘은 심수경에게 편지를 보내 놓고 그의 답장이 오기를 하염없이 기다렸다. 답장은 오지 않을지도 모른다. 무정한 것이 사대부의 사랑이 아닌가. 그러나 심수경을 잊으려고 해도 날이 갈수록 그가 더욱 보고 싶어졌다. 그와 지낸 유쾌한 날들이 두서없이 머릿속에 떠오른다.

"서방님은 저를 어찌 생각하셔요?"

🌱 평양감사향연도의 월야선유도
조선에서는 사대부가 셋만 모이면 기생을 불러 즐겼다. 달 밝고 바람이 시원한 밤이면 강이
나 호수에 나아가 배를 띄우고 술을 마시고 노래를 불렀다. (국립중앙박물관 소장)

어느 날이었던가. 평양의 선화당 뜰에 복숭아꽃이 만개해 있었다.

책을 읽다가 봄볕이 좋아서 나온 심수경에게 동정춘이 물었다.

"어찌 생각하다니?"

동정춘은 복숭아꽃가지를 늘어트려 향기를 맡고 있었다.

"저를 첩으로 들이실 건가요?"

"한양으로 올라가면 너를 부르마."

"정말이에요? 제 소원은 서방님의 첩이 되는 것뿐이에요."

"첩이 되는 것이 무엇이 중요한 것이냐? 중요한 것은 너와 내가 변치 않고 사랑하는 것이다."

"서방님께서는 저를 사랑하셔요?"

"사랑한다."

"그러면 죽은 뒤에 함께 묻힐 수 있나요?"

"나도 너와 함께 묻히기를 소원한다."

"아아, 고마우시고 또 고마우셔라."

동정춘은 심수경의 품에 얼굴을 묻었다. 사랑하는 남자의 가슴에 얼굴을 묻자 아늑하고 따뜻했다.

'평생을 이렇게 산다면 무슨 한이 있으랴.'

심수경의 품속에서 동정춘은 지그시 눈을 감았다.

하지만 눈을 떠 보니 님이 떠나간 빈자리만 덩그러니 남아 있다.

"언니, 언니…… 한양에서 편지가 왔어요."

봄비가 추적추적 내리는 날, 어린 동기가 동정춘의 집에 달려와서 소리를 질렀다. 동정춘은 맨발로 달려 나갔다. 겉봉에 춘전(동정춘 앞) 이라고 씌어 있는 것이 심수경이 보낸 것이 분명했다.

종이에 빽빽하게 쓴 글 모두가 맹세한 말	滿紙縱橫摠誓言
나도 훗날 황천에서 만나기로 약속하네	自期他日共泉原
장부도 한번 죽는 것을 면하기 어려우니	丈夫一死終難免
당연히 선연동 속의 혼이 되리라	當作嬋娟洞裏魂

심수경은 죽은 뒤에 혼이라도 동정춘과 함께 묻히겠다고 시로 말

한 것이다.

'아아, 나를 잊지 않고 계시는구나.'

동정춘은 이 시를 받고 하염없이 눈물을 흘렸다. 그러나 병을 앓고 있던 그녀는 얼마 지나지 않아 숨이 끊어지고 말았다. 심수경은 동정춘이 죽었다는 말을 듣고 안타까워하면서 다시 시 한 수를 지었다.

생이별에 오랫동안 슬픔에 젖었으니	生別長含惻惻情
어찌 사별이 될 줄 알았으랴. 문득 울음을 삼키네	那知死別忽吞聲
죽었다는 말을 들으니 간장이 찢어져	乍聞凶訃腸如裂
그대 모습 생각하니 눈물만 흐르네	細憶音容淚自傾
편지는 몇 번이고 그대에게서 왔지만	書札幾曾來淇水
꿈속의 혼도 평양에는 가지 못했네	夢魂無復到箕城
선연동에 묻힌다는 장난이 사실이 되었으니	嬋娟戱語還成讖
저승도 함께 가자는 맹세 못 지켜 부끄럽소	愧我泉原負舊盟

시에는 진정이 있었으나, 심수경은 기록으로 남기는 것이 사대부의 체면에 어울리지 않았다고 생각했는지 장난삼아 썼다고 기록하고 있다.

풍류남아의 계속되는 사랑

심수경은 1516년(중종 11)에 태어나 1599년(선조 32)에 죽었는데 첩을 여럿 두었고, 기생들과도 많은 염문을 뿌리고 그 기록을 남겼다. 그 시대에 벼슬을 했던 사람으로 당연한 일이었기에 그를 비난할 수는 없다. 다만 심수경을 거쳐 간 여인들 중에는 여러 기생들이 등장하고 있어서 그녀들의 삶을 살펴볼 수가 있다.

심수경은 심정의 손자로, 청현직을 역임하여 자기 할아버지의 죄악을 덮기에 충분하였다. 이번에 이 치사를 정한 일은 사람들 중에 뛰어났으니, 요즘에 와서 보기 드문 재상이다. 다만 임진왜란 당시 호종을 못했다 하여 이제 80이 넘은 나이로 건의대장建義大將이라 자칭하고 해적을 토벌하겠다고 하였는데, 그것으로 그의 죄과가 속죄될 수 있을는지 모르겠다.

≪조선왕조실록≫의 기록으로 심수경은 풍류남아였으나 명재상이라는 말을 들을 정도로 경륜이 풍부하고 청렴했다. 심정은 중종반정에 가담한 공신이고 남곤 등과 함께 기묘사화를 일으켜 조광조 등을 제거한 인물이다. 이 일로 사림으로부터 많은 비난을 받았으나, 심수경은 할아버지의 죄를 씻기라도 하듯이 신망을 얻었다.

영중추부사 심수경이 치사하고 과천 땅에 물러가 살고 있다. 그런데 곤궁하여 스스로 살아가지 못한다 하니 경기 감사로 하여금 삭료朔料를 분정分定해서 매달 보내주도록 하라.

선조는 심수경이 가난하게 살고 있다는 말을 듣고 특별히 녹봉을 지급하라는 영을 내렸다.

심수경은 벼슬 운이 좋아 드물게 8도관찰사를 모두 역임하고 우의정까지 올랐다.

곱고 고운 기생들 중에서 가장 아리따운 그대   綽約梨園第一容

나그네가 오늘 우연히 만났네   客中今日偶相逢

다른 사내의 철석같은 맹세 믿지 말고   靡他信誓堅金石

천만번 말하니 삼가여 따라가지 말게   萬語千言慎莫從

이 시는 조선 중기 우의정과 영중추부사를 지낸 심수경의 ≪견한잡록遣閑雜錄≫에 수록된 시다. 당시 이미 70세를 넘긴 심수경이 불과 16세의 어린 기생과 몇 달 동안 동침하면서 그를 사랑하여 써 주었다는 시다. 심수경은 불과 16세의 가냘프고 아리따운 기생에게 흠뻑 빠져들었던 듯하다.

심수경은 풍류남아였다. 동정춘과의 사랑이 있은 뒤에는 홍주 기생 옥루선을 사랑했다. 그가 충청 관찰사로 있을 때였다. 심수경은 옥루선에게 율시 한 수를 지어 주었다.

이후로도 심수경의 풍류생활은 계속된다. 1550년(명종 5) 심수경은 관직에서 물러나 경상도 감영으로 숙부를 만나러 갔다가, 이어 성주 가야산에 놀러갔다. 성주 목사 조희는 심수경의 친척이었는데, 며칠 동안 쉬게 하면서 막종이라는 기생에게 따라다니도록 했다. 기생의 나이는 겨우 16세였다. 심수경이 대구로 돌아가게 되자 목사 조희가 그를 따라 보내서 이 어린 기생은 심수경과 몇 달 동거를 했다.

심수경은 1560년(명종 15) 전라 관찰사가 되었다가 이듬해 봄에 병으로 전주에 머물며 조리를 했다. 그때는 기생 금개와 함께 살았다. 심수경은 금개를 첩으로 들이려고 하였으나 갑자기 조정 일이 바쁘게 되어 첩을 들이는 일에 신경을 쓸 겨를이 없었다.

1563년 경기 관찰사가 된 심수경은 문득 막종이 생각났다. 그리하여 성주로 안부를 묻자 경적에 뽑혀 갔다고 했다. 심수경이 조정으로 돌아오자 막종은 다시 성주로 돌아갔다. 심수경은 기러기와 제비처럼 가는 길이 어긋난다고 한탄했다. 얼마 후에 막종이 병으로 죽었다는 소식을 듣고 시를 써서 보내 주었다.

늙으니 낙신부를 지을 마음이 없네	老去無心賦洛神
물결에 버선 먼지 나는 것 볼 수 없네	凌波不見襪生塵
처음 만나던 그대 자태가 떠오르는데	當年謾憶初呈態
오늘 죽었다는 소식 갑자기 듣고 놀랐네	此日驚聞忽化身
운우지정 나누던 그때 꿈 아련한데	暮雨朝雲迷舊夢
춤추던 옷과 노래하던 부채 누구에게 주었는가	舞衫歌扇付何人
성산은 이로부터 화려한 맛 덜해져서	星山自此繁華減
적막한 임풍루에 손님만 앉았으리	寂寞臨風座上賓

심수경의 시는 기생에게 주었다고 하더라도 눈물겹도록 아름답다. 첫 번째 연 낙신부를 지을 수 없다는 표현은 삼국지에 나오는 조조의 아들 조식이 낙천에서 한 미인을 보고 지었다는 악부로, 그가 사랑한 여인이 낙천에 빠졌는데 조식이 애타게 부르자 죽은 여인이 다시 물

속에서 나왔다는 전설이 더해져 죽은 여인을 부르는 노래로도 알려져 있다.

심수경은 자신이 기록해 놓은 《견한잡록》의 기록에만도 이처럼 많은 기생들이 나온다. 그뿐 아니라 그는 75세에 아들을 낳고, 81세에 또 아들을 낳았다.

단순히 풍류남아의 삶이라고는 할 수 없을 것 같은 심수경의 시를 통해서 당시 기생들의 부평초 같은 삶을 엿볼 수 있다.

굴레인가, 자유인가

조선의 여성들을 가장 억압하고 고통스럽게 만든 것이 일부종사라는 미명 아래 한 남자를 위해 일생을 바치게 하는 제도이다. 양가의 여성들은 15, 6세에 혼례를 올린 뒤에 남편이 죽으면 따라 죽거나 수절해야 열녀가 되고 절부가 된다. 개가를 하는 것은 윤리를 버리는 일이기 때문에 시가는 물론 친정까지 음란한 집안이라는 비난을 받고 자손들이 벼슬에 나설 수 없게 되었다. 그 바람에 남편이 없는 여자들에게 수절을 강요하고, 훼절할 위험이 있으면 살해하는 일까지 벌어졌다.

정조 11년 강원도 안협安峽에 사는 이언이라는 양반이 문중 족인들과 함께 조카며느리 구소사를 강제로 자루에 넣고 칡넝쿨로 묶어 강에 던져 살해한 사건이 발생하여 조야를 들끓게 한 일이 있었다. 구소사는 양반가인 시가의 숙부 이언과 친정오라버니에 의해 음란한 소문이 퍼졌다는 이유만으로 사형을 당해 죽었다.

여성들에게 씌워진 굴레는 기생들에게도 예외가 아니었다. 기생들, 특히 관기는 수절을 할 수 없는데도 관장의 모진 핍박을 견디고 수절을 하면 칭송을 받는다.

퇴계 이황이 사랑했던 단양 명기 두향은 강선대에 몸을 던져 칭송을 받았고, 함흥 기생 일선, 안음 기생 취섬, 부령 기생 장애애, 홍원 기생 홍랑이 절개를 지켜 조선의 명기 반열에 올랐다.

홍랑은 젊었을 때 고죽 최경창과 열렬한 사랑을 나누었다. 최경창이 한양으로 올라가자 안타까운 이별을 한 뒤에 수절을 하면서 살았다. 최경창이 갑자기 앓아눕게 되자 도성으로 달려가 본처의 핍박을 받으면서도 수절을 하고 죽은 뒤에는 파주에서 무덤을 돌보면서 살았다. 임진왜란이 일어나자 최경창의 시집을 짊어지고 다니면서 피난을 하여 시집이 불에 타거나 소실되지 않고 남을 수 있었다. 홍랑이 죽자 최경창의 가족들도 비로소 그녀의 지고지순한 사랑에 감동을 받아 그녀를 최경창의 무덤 아래에 묻어 주었다.

관기는 관가지물官家之物이다. 마음대로 수절을 할 수 없는데도 기생들이 굳이 수절을 하려고 한 까닭은 무엇일까? 공주 관기의 하소연에서 볼 수 있듯이 관기는 한 달 내내 고을을 오가는 사내들의 성적 노리개가 되어야 하는 경우도 있다. 매춘을 하는 것도 아니면서 오로지 관장의 명령에 따라 사내들에게 종음을 당하는 것은 견디기 힘든 일이었을 것이다. 그럴 바에야 한 사내를 위해 수절을 하게 되면 사내들의 노리개가 되는 것은 벗어날 수 있었다.

물론 수절을 하기 위해서는 관장의 혹독한 벌을 견뎌내야 했다. 수절을 못하게 하려는 관장들에게 매를 맞아 죽는 기생도 있다. 이광려를 사랑한 장애애 같은 경우 유배객 김려의 기록을 보면 모진 고문을 당해야 했다.

김려가 사랑했던 지연화라는 기생도 마찬가지다. 지연화는 김려가 백두산의 맑고 맑은 정기를 받고 2천 년 만에 태어났다고 할 정도로 아름다운 여인이었으나 김려가 떠난 뒤에 부령 부사에게 모진 고문을 당해 죽어갔다.

천재 시인의 꺾여버린
슬픈 해바라기

함흥 기생 취련

얼마나 먼 길을 온 것일까. 희고 뽀얀 얼굴에는 땟물이 흐르고 입성은 남루하여 함흥에서 한양까지 모진 고생을 하며 왔다는 것을 알 수 있었다. 초가를 빌려 우선 취련을 쉬게 했으나 서명빈의 가슴은 찢어지는 것 같았다. 아버지는 영의정을 지낸 서종태이고 형은 좌의정을 지낸 서명균이다. 쟁쟁한 가문의 신진사대부라 전도가 양양하지만 엄중한 부친과 형 때문에 천릿길을 멀다하지 않고 눈보라 속에서 달려온 취련을 집으로 데려갈 수 없었다. 그들은 도둑질을 하듯이 성 밖의 초가에서 만났다. 취련은 그리운 사람을 만나 눈물이 비 오듯이 흐르고 있었다.

"취련아."

취련을 바라보고 있던 서명빈도 목이 메었다.

"서방님."

취련은 울음을 참기 위해 입술을 깨물고 있다. 서명빈이 손을 뻗어 잡으려고 하자 화들짝 놀라 몸을 움찔했다.

"어찌 그러느냐?"

"첩이 먼 길을 오느라고 입성이며 몸이 더러워 귀하신 서방님의 손을 더럽힐 수가 없습니다."

"공연한 소리다."

서명빈은 취련의 손을 와락 끌어당겨 가슴에 안았다. 취련도 사랑하는 남자의 품에 안겨서 울음을 터트렸다.

취련의 이별곡

서명빈은 1692년(숙종 18)에 태어나 1723년(경종 3)에 급제하여 1727년 북평사에 임명되어 함흥으로 부임했다. 북평사는 정6품직으로 절도사를 도와 군사의 제반 업무를 지휘 감독하는 것이 주된 업무였다. 그는 북평사로 부임한 지 얼마 되지 않아 함흥 기생 취련을 만났다. 취련은 당나라 시인 설도에 비견될 정도로 문장이 뛰어난 여인이었다. 한양의 명문거족의 귀공자인 서명빈과 취련은 만나자마자

🌷 기생들의 단체 사진
무언가를 생각하는 듯 깊은 시름에 잠긴 기생들의 모습이 인상적이다. 대부분의 기생들은
망중한을 품고 일생을 살아간다.

사랑에 빠졌다. 서명빈과 취련은 장래를 약속하고 열렬한 사랑을 나

누었으나, 서명빈이 임기가 끝나 한양으로 돌아가게 되자 상황이 달

라진다.

"서방님이 가시면 저는 어떻게 해요?"

서명빈이 떠날 날이 가까워지자 취련은 몸부림을 치듯이 안타까워

하면서 물었다.

"내 반드시 너를 데려갈 것이다."

서명빈은 근엄한 부친의 얼굴이 떠올랐으나 굳게 약속을 했다.

"정녕 저를 데려가시렵니까?"

취련은 묻고 또 물은 뒤에 서명빈을 한양으로 떠나보냈다. 그러나

한양으로 떠난 서명빈은 취련을 데려가지도 않고 소식도 없었다.

'나를 데려간다고 그토록 굳게 약속을 했는데……'

취련은 서명빈이 야속했다. 서명빈도 달콤한 말을 귓전에 속삭이고 떠나간 뭇 사내에 지나지 않는가. 하루에도 몇 번씩 한양을 바라보던 취련은 서명빈에게 그리운 마음을 하소연하는 시를 써서 보냈다.

> 🌸 그리운 마음으로 하룻밤에 머리가 눈처럼 희었는데
>
> 가을 창에는 달이 가득하여 애간장이 끊어집니다

얼마나 그립고 보고 싶으면 하룻밤에 머리가 하얗게 세는가. 취련의 시가 과장법을 사용하여 지어졌다고 해도 사랑하는 이를 그리워하는 심사가 절절하게 묻어 있다.

> 🌸 흰 머리털이 삼천 길   白髮三千丈
>
> 시름 때문에 이렇게 길어진 것인가   緣愁似個長
>
> 알지 못했네 밝은 거울 속의 모습   不知明鏡裏
>
> 어디서 가을서리를 얻어 왔는가   何處得秋霜

이백의 《추포가秋浦歌》에서 나오는 말이지만 하룻밤에 머리가 세어진다는 말은 춘추전국시대의 영웅 오자서의 고사에서 나온다. 오자서는 자신을 죽이려는 초나라 사람들을 피해 소현산에 이르렀다. 소현산에는 소관昭關이라는 관문이 있었는데 노나라의 호濠 땅으로 통

하는 요새였다. 초나라에서는 지세가 험한 소현산에 관문을 설치하고 군사를 두어 지키고 있었다.

'소관을 넘는 것은 쉬운 일이 아닌데 걱정이로구나.'

오자서는 소관 아래에 이르자 걱정이 되었다. 신의 편작의 제자인 동고공의 집에 머물면서 소관을 넘을 생각을 하자 잠이 오지 않았다. 전전반측하면서 밤을 꼬박 새웠다. 이튿날 아침에 동고공이 문을 열어 보니 오자서의 머리가 서리가 앉은 듯이 하얗게 변해 있었다.

"노인장께서는 이 사람을 보고 왜 그렇게 놀라십니까?"

"하룻밤 새에 그대의 머리가 하얗게 세었소. 백발삼천장白髮三千丈이라는 말을 들은 일이 있으나 어찌 이런 일이 있다는 말이오."

오자서는 동고공의 말이 믿어지지 않아 석경을 들여다보았다. 과연 그의 머리가 하룻밤 새에 백발이 되어 있었다. 오자서는 거울을 팽개치고 대성통곡을 했다. '백발삼천장'이란 근심이 쌓여 머리가 하얗게 세어지는 것을 말한다.

취련은 함흥에서 문장이 뛰어난 명기로 널리 알려져 있었다. 그 까닭에 이백의 시를 인용하여 시를 지은 것이다. 취련은 서명빈에게 애타는 편지를 보냈으나 그는 답장을 보내오지 않았다. 취련은 답장을 기다리다가 지쳐 천릿길을 멀다하지 않고 달려온 것이다. 그러나 서명빈의 집으로 들어갈 수 없는 취련은 울면서 함흥으로 돌아가지 않을 수 없었다. 서명빈은 취련을 함흥으로 떠나보내면서 다시 한 번 거짓 약속을 한다.

"내가 반드시 너를 데리러 갈 터이니 몸을 함부로 하지 마라."

지키지 않을 약속이지만 여자는 그 말을 천금처럼 믿는다. 믿지 않

274

으면 자신의 신세가 너무나 처량해지기 때문이다. 취련이 한양에서
함흥으로 돌아오는 길은 한없이 쓸쓸하고 비참했다.

  소상강 기러기 짝을 잃고 날아간 듯
    무릉의 푸른 도화 모진 광풍에 떨어진 듯
    양협(雨頰)의 눈물 날려
    붉은 치마 물에 잠긴 듯
    홍도화에 비 맞은 듯
    한 걸음에 돌아보고 두 걸음에 돌아보고
    걸음마다 돌아보니
    산천도 낯이 없고 일월도 빛을 잃은 듯

기생과 사대부의 이별은 명천 기생이 노래한 〈군산월애원가〉에 그
모습이 적나라하게 묘사되어 있다. 특히 기생의 입장에서 이별의 슬
픔을 생생하게 담아내 어떤 문학작품보다도 애절하다. 사랑하는 사
람과 헤어져 돌아가면서 한 걸음에 돌아보고 두 걸음에 돌아보고 걸
음마다 돌아본다.

  이곳에서 죽자한들 죽는 줄을 누가 알며
    설운 심정 누가 알고
    시름과 눈물로 밤새우고
    외로운 이 한 몸이 어디로 가자는 말인가
    백설은 분분하고 낙엽은 만산인데

남북이 분간 없고

산도 설고 물도 설운데

갈 곳이 아득하여 오던 길 생각하니

    군산월의 애원가는 계속된다. 죽고 싶어도 죽는 줄을 누가 알겠는가. 시름과 눈물로 밤을 새우고 고향으로 돌아가는데 눈보라까지 날린다.

    함흥 기생 취련이 서명빈을 만나기 위해 한양으로 올라왔다가 내려간 일은 장안의 화제가 되었다. 많은 사대부들이 그녀의 애절한 사랑에 감동했다.

남자의 이기적인 사랑

🌸 형형하게 아름다운 옥정련의 자태   秀出亭亭玉井姿

  동풍에 꺾어지는 푸른 버들 같네   東風羞殺綠楊枝

  가련하여라, 졸렬하고 못난 서명빈   可憐拙澁徐平事

  예전에 사랑을 나누며 연뿌리 캐던 시절 잊었는가 舊愛渾忘折藕時

    취련의 애타는 이야기를 들은 조문명이 서명빈을 비난하는 시를 지었다. 조문명은 박문수, 조현명, 서명빈, 이종상 등과 함께 신진 사대부로 혁혁한 명성을 떨치고 노비종부법(노비의 자식도 아버지의 신분에 따라 다시 노비가 되는 법)의 폐지를 주장할 정도로 혁명적인 사상을 갖고 있던 인물이었다. 후일 좌의정까지 지내면서 영조의 탕평책에 적극적으로 가담한 인물이다.

　서명빈의 친구인 이종성이 어사가 되어 함경도 지방을 순행하게 되었다. 함경도에 크게 흉년이 들어 임금이 백성을 위로하기 위해 파견한 것이다. 이종성은 오성 이항복의 5세손으로 그의 아버지 이태좌가 좌의정까지 지낸 명문의 아들이다. 서명빈은 이종성이 함흥에 간다고 하자 탄식했다.

노는 벌을 꽃가지 가까이 가지 못하게 하라

　서명빈은 이종성이 취련에게 접근하는 것을 꺼려했다. 그녀를 돌보지 않으면서도 다른 남자에게 가는 것을 싫어한 것이다. 이종성은 암행어사가 되어 함경도로 떠나면서 서명빈을 약을 올리는 시를 썼다. 조선 최고의 해학가인 오성 이항복의 기질이라도 물려받은 것일까.

홀로 규방을 지킨 지 얼마나 되는가	獨保芳香問幾時
그대에게 일찍이 꽃을 딸 시기를 물었었지	從君曾詰看花期
붉은 꽃이 지고 서풍이 사나우니	紅衣落塵西風急
행여 친구가 꺾을 것이 두려울 테지	恐被傍人折一枝

　이종성의 시는 확실히 서명빈을 조롱하고 있다. 이종성의 시를 받고 서명빈이 어떤 태도를 취했는지는 알 수 없다. 이종성은 서명빈에

게 시를 보내고 함흥에 이르러 취련을 만났다. 취련은 아직도 서명빈을 잊지 못하고 절개를 지키고 있었다. 이종성은 취련이 애틋했다. 세월은 무심하게 흘러 꽃처럼 아름답던 취련도 서서히 나이가 들어가고 있었다. 이종성은 서명빈을 기다리는 취련이 안타까워 그녀를 대신하여 서명빈에게 시를 보냈다.

일찍이 약속하기를 취련을 데려간다고 했기에　　舊約曾期並帶蓮
헤어진 후에 헛되이 애타는 편지를 부쳤어요　　別來空寄斷腸篇
향기로운 규방으로 어느 날 오실까요?　　香閨下榻知何日
늦가을 저수지에서 배를 타고 수초만 땁니다　　秋晚橫塘採荇船

이종성의 시에는 서명빈을 사랑하는 취련의 심정이 잘 나타나 있다. 취련은 이종성에게 서명빈의 소식을 묻는다. 이종성은 어떤 대답을 해 주었을까. 서명빈을 기다리지 말고 새로운 사랑을 찾으라고 하지 않았을까. 이종성이 어떤 말을 해 주지 않았어도 취련은 사랑하는 사람의 변심을 눈치 채고 있었다.

이종성은 어사의 임무를 수행하기 위해 함경도 일대를 여러 달 동안 돌아다니고 다시 함흥에 이르러 취련을 만났다. 그러나 취련은 이제 절개를 버린 뒤였다. 이종성에게 술을 따르는 취련의 눈에서 하염없이 눈물이 흘러내렸다.

예전에 취련도 데려가신다던 약속이 안타까워라　　惜爲蓮帶約
이제는 끊어진 실과 같이 헤어졌네　　今作斷絲人

절개를 잃고 붉은 눈물을 흘리며 　　　　殘節守紅泣

방울방울 손수건을 적시고 있네 　　　　點點濕羅巾

　이종성이 취련과 마지막으로 만난 뒤에 쓴 시다. 취련은 그가 암행어사가 되어 함흥에 이르렀을 때까지는 절개를 굳게 지키고 있었으나 그가 어사의 일을 마치고 한양으로 돌아갈 무렵에는 절개를 잃었다. 절개를 손상당해 눈물이 붉게 흐르는 것은 피눈물이기 때문이다.

　취련은 당나라의 여류시인 설도에 비견될 정도로 시를 잘 지었으나, 이루어지지 못한 사랑에 피눈물을 흘리는 가련한 여인이기도 했다.

꽃이 지면 남는 것

기생은 일패, 이패, 삼패로 불린다. 예술적 경지에 오른 기생들은 몸을 팔지 않아도 상관이 없고 비교적 부귀를 누리면서 말년을 보냈다. 일패인 황진이와 매창 같은 기생들이 스스로 남자를 선택할 수 있었던 것도 예술과 학문의 경지가 남달랐기 때문이다.

그러나 동정춘의 예에서 보듯이 대부분의 기생은 늙으면 옛사랑을 회상하면서 쓸쓸하게 죽어 간다. 미모가 뛰어나 장안을 휩쓸던 기생들도 늙고 병들면 남자들의 관심에서 멀어진다. 일패에서 이패로, 이패에서 삼패로 전락한다.

삼패는 '탑앙모리'라고 불리는데 매춘을 전문으로 하는 창녀들을 가리킨다. 매춘은 기루에서도 이루어지지만 주막이나 색주가에서도 이루어졌다. 읍촌의 장터, 길가의 주막에는 주모를 비롯하여 많은 작부들이 술과 몸을 팔았다. 이들 외에도 화랑유녀가 있다. 화랑유녀는 봄 여름에는 어시魚市, 가을과 겨울에는 산속에 있는 사찰에서 머물며 술과 몸을 팔았다.

화랑과 유녀가 음란한 짓을 하여 이득을 꾀하고, 승려와 속인이 서로 즐겨 괴이하게 여기지 아니하니, 남녀의 도를 어지럽게 하여 강상의 윤리를 훼손하는 자는 소재지의 수령, 만호, 찰방, 역승으로 하여금 엄중하게 규찰하게 하여 범한 자는 범간율犯奸律(간통죄)에 한 등等을 더하여 논죄하고, 양가의 여자와 중은 잔읍殘邑의 노비로 영원히 삼으소서.

1472년(성종 3) 예조에서 올린 기록에 화랑유녀를 엄격하게 단속해야 한다는 대목이 보인다. 이로 인하여 소위 매춘과의 전쟁이 선포되기도 한다. 생활이 어려워 자생적으로 화랑유녀가 되거나, 이패나 삼패의 기생들이 전락하여 유녀로 작부 생활을 하는 경우도 있었다.

기생과는 조금 다르지만 사당詞堂도 기예와 몸을 팔았다. 사당은 비구승, 비구니, 우바새, 우바이라고 부르는데 부처를 믿는 대중을 말한다. 이들은 정선방(창덕궁 왼쪽)에 불당을 짓고 염불을 하면서 각 절로 돌아다니면서 중들과 추악한 짓을 하여 생활비를 벌였고, 사당패가 되어 여염 동네로 돌아다니며 기예와 몸을 팔았다.

이능화의 ≪조선해어화사≫에 있는 기록이다.

묘기가 절정에 이르게 되면 청중이 박수갈채를 보내면서 엽전을 던져준다. 청중 중에 짓궂은 자는 입에 동전을 물고 '돈돈돈' 소리를 내면 여사당이 입을 맞추면서 입으로 돈을 받는다. 밤에 몸을 바치고 받는 돈을 화대, 또는 해의채라고 부른다.

기예를 가지고는 있으나, 여사당의 생활은 공개적으로 몸을 파는 것이다. 몸을 팔지 않으려고 하면 사당패의 우두머리에게 매를 맞았다.

한산 세모시로 잔주름 곱게 잡아입고
안성 청룡사로 사당질 가세
이내 손은 문고리인가
이놈도 잡고 저놈도 잡네
이내 입술은 술잔인가
이놈도 빨고 저놈도 빠네
이내 배는 나룻배인가
이놈도 타고 저놈도 타네

韓山細毛施兮 製衣裳而衣之兮
安城之靑龍寺兮 祠堂爲業去兮
儂之手兮 門扇之鐶兮 此漢彼漢俱摻執兮
儂之口兮 酒巡之盃兮 此漢彼漢俱親接兮
儂之復兮 津渡之船兮 此漢彼漢俱搭乘兮

어느 여사당의 지탄가이다. 손목과 입술을 문고리와 술잔에 비유한 시는 재치가 넘친다. 하지만 그 속에 담긴 내용은 그들의 삶의 애환을 느끼게 한다. 기생과 매춘부의 삶은 조선시대에도 비참할 수밖에 없었다. 18세기의 시인 이학규의 ≪걸사행≫에 있는 기록이다.

가는 곳마다 인산인해를 이루는데
슬그머니 치맛속 깊이 손이 들어오네
그대는 돈 일전에 머리 숙이는 계집

나는 집 없이 팔도를 떠도는 한량

물결에 휩쓸리고 바람에 실려 미친 듯이 노느라면

구경꾼들이 돈과 술을 준다네

시에는 기생들의 한숨이 곳곳에 숨어 있다.

어찌하여 여자로
세상에 태어나게 했습니까

부령 기생 영산옥

이토록 가슴 아픈 것이 이별일까. 이별이 이토록 서러운 줄 알았다면 정이라도 주지 말 것을. 영산옥은 말을 타고 점점 멀어지는 서시랑을 보자 눈물이 쏟아져 나오려고 하여 입술을 깨물었다. 서시랑의 늙은 종복 천서방이 고삐를 잡고, 서시랑은 말 위에 앉아서 흰 도포 자락을 펄럭이면서 산굽이를 돌고 있었다. 유배가 해배되기를 바랐으나 막상 해배되어 한양으로 돌아가는 서시랑을 보자 영산옥은 천길 벼랑으로 굴러 떨어지는 것 같았다.

영산옥은 서시랑이 보이지 않자 영마루에 털썩 주저앉았다. 서시랑이 사라진 산굽이에 가을 햇살이 고즈넉하고 다락논이며 마을 텃밭이 누르스름한 가을빛을 띠어 가고 있다. 들과 산 어디에도 인적은 없다.

"내 너를 두고 어디로 가겠느냐?"

문득 서시랑이 환하게 웃으면서 나타날 것 같아 영산옥은 가슴이 미어졌다.

사랑에 미치면

부령은 함경도의 오지라 한양의 벼슬아치들이 자주 유배를 왔다. 서시랑도 한양에서 유배를 왔는데, 그는 유배객 시인으로 유명한 김려(1766~1821)의 친척이기도 했다.

김려는 친구인 강이천이 서학을 믿는다는 유언비어를 퍼트려 억울하게 함경도 부령에서 4년, 경상도 진해에서 6년 동안 유배생활을 해야 했고, 그동안 많은 시를 남겼다. 부령으로 유배를 올 때도 ≪감담일기^{坎窞日記}≫라는 유배일기를 남겼고, 진해에서는 부령을 생각하면서 ≪사유악부^{思牖樂府}≫와 ≪우해이어보^{牛海異魚譜}≫를 남겼다. 사유악부에서는 부령 기생 연회에 대한 애절한 사랑의 시를 여러 편 남겨서 많은 사람들의 심금을 울렸다.

영산옥은 처음에 유배객 김려를 좋아하여 은밀한 정을 표시하는 편지를 보내기도 했다.

🌸 그대는 어디를 생각하는가　　　　　　　　　　問汝何所思

　내가 생각하는 것은 저 먼 북쪽 바닷가라네　　　所思北海湄

　음산한 가을비 추적추적 내리는 열흘 동안　　　秋雨霖霖十日竟

　문 닫고 홀로 누워 신세를 한탄했지　　　　　　閉戶獨臥子桑病

　영산옥이 홀연히 쪽지와 함께 삶은 닭을 보냈는데　玉嫂奇書送爛鷄

　수정처럼 맑은 새 술도 유리병에 담아 보냈네　翠屛新醥凝凝黎

　비 개어 달이 밝으면 다시 약속해요　　　　　　更期雨晴月色明

　영락정 남쪽 화교 서쪽 시냇가에　　　　　　　永樂亭南畫橋西

　노씨 이모, 유씨 언니, 지씨 언니와 함께　　　　玄琴翠簫溪上侍

　거문고와 푸른 통소 준비하고 기다릴게요　　　盧姨柳娘與池娘

　꿩도 삶고 잉어회도 준비하겠어요　　　　　　脯鱉膾鯉君莫辨

　술은 저희 집에 바다처럼 많답니다　　　　　　儂家有酒深如海

　　김려의 ≪사유악부≫에 있는 시다. 이 시로 미루어 가난한 유배객인 김려에게 영산옥이 연정을 품었음을 알 수 있다. 때는 장마철이고 비가 열흘이나 내린다. 영산옥은 이 가난한 유배객을 위로하기 위해 백숙을 고아 보내고 술까지 보내준다. 아울러 장마가 그치고 달빛이 밝으면 시냇가에서 술을 마시자고 말한다.

　　김려는 부령에서 4년 동안 유배생활을 하면서 많은 기생들과 교류를 가졌다. 그는 기생들을 욕망의 대상으로 희롱한 것이 아니라 하나의 인간으로 대우했기 때문에 많은 기생들이 그를 따랐다. 그리하여 영산옥도 처음에는 김려를 좋아했으나, 그의 곁에는 배수첩인 지연화가 있었다. 김려는 다정다감하여 기생들에게 인기가 좋았기 때문에, 수성역 기생인 소혜랑도 그를 좋아했다.

그대는 어디를 생각하는가   問汝何所思

내가 생각하는 것은 저 먼 북쪽 바닷가라네   所思北海湄

한 쌍의 하얀 팔자 상아 빗   八字牙梳一雙白

금으로 새기고 대모로 장식했지   金錯腰背玳瑁額

수성 살던 소혜랑 기억이 생생하네   尙憶輸城蘇惠娘

향기로운 치맛자락에 흐르는 풍류   風流揮似古香裳

푸른빛이 가득한 누각 앞에는 붉은 섬돌   靑粉樓前赤石砌

붉은 비단 병풍에 무소뿔로 장식한 침상 있었지   紅錦屛中鏢犀牀

그대 집을 영산옥과 둘이서 찾아가   贈與玉嫂到君宅

피리 불고 춤을 추며 석양까지 놀았네   翠管朱綠永良夕

상아 빗을 은밀하게 주기에   贈我牙梳表深意

어찌 보답했던가, 예쁜 꽃신으로 보답했지   何以報之九華舃

"언니가 내 님을 빼앗아 갔으니 술을 내시구려."

소혜랑이 연화에게 말했다.

"아아, 나도 김 선비를 좋아했으니 나에게도 술을 내요."

영산옥도 웃으면서 거들었다.

"그러지들 말아. 내가 좋은 남정네를 소개해 줄게."

연화가 웃으면서 손을 흔들었다.

연화의 말이 씨가 되었는지 몰랐다. 서시랑이 유배를 오자 부령도
호부사 유상량이 영산옥에게 배수첩을 명했다. 김려를 좋아했으나

🌶 누군가를 기다리는 듯한 기생의 모습
유배를 온 선비나 잠시 발령이 난 관리들은 언젠가는 제자리로 돌아가는 존재였다. 마음을
빼앗긴 기생들에게 기다림은 삶의 일부분이었을지도 모른다.

포기해야 했던 영산옥은 서시랑을 보자 마음이 움직였다. 천리 먼 곳
에 유배를 온 서시랑도 아름다운 용모에 노래와 춤에 능한 영산옥을
보고 깊은 사랑에 빠졌다. 영산옥은 시를 잘 지었을 뿐 아니라 가무
서화에 능했다. 영산옥은 서시랑의 무릎에서 놀고, 서시랑은 영산옥
의 치마폭에서 놀았다.

영산옥은 북쪽 지방의 여인이라 살결이 빙설 같았고, 애교가 넘치
는 젊은 여인이었다. 유배객이 무슨 할 일이 있겠는가. 낮에는 시냇
가의 버드나무 아래서 시를 읊었고, 밤에는 문 열어놓고 달을 보면서
술을 마셨다.

영산옥은 대부분의 기생들이 그렇듯이 7, 8세 때 동기로 기생안에

입적했다. 14세에 성인이 되어 18세가 될 때까지 해어화 노릇을 했다. 지금까지 한 번도 남자에게 사랑을 준 일은 없었다. 그런데 이제 사랑하는 님을 만났으니 그녀는 온 마음과 몸을 그에게 바쳤다. 처음으로 남자를 안 것처럼 영산옥은 서시랑을 열렬히 사랑했다.

그러나 젊은 선비의 유배 기간은 길지 않았다. 서시랑은 얼마 되지 않아 유배가 해배되어 한양으로 떠나버렸다. 남자의 사랑, 기생에 대한 선비들의 사랑은 무정하다. 퇴계 이황에게서 보듯이 사랑했던 기생을 첩으로 데리고 가지 않는 경우가 허다하다. 더러는 기생을 기적에서 빼내 기첩으로 삼기도 하지만 대게 선비에게 기생은 한때의 놀이 상대에 지나지 않았다. 영산옥은 진정이었으나 서시랑에게 영산옥은 평범한 기생에 지나지 않았던 듯하다.

'나는 서시랑을 위해 수절을 할 거야.'

부질없는 사랑이었건만, 영산옥은 서시랑을 떠나보내며 수절을 결심했다.

수절의 처참한 고통

기생이라는 제도가 만들어진 것은 노래와 춤으로 국가의 연회에 흥을 돋우기 위해서였으나 점차 술자리 시중으로 그 역할이 변질되었다. 영산옥은 공가지물인 관기에 지나지 않았다. 공가의 소유물이니 관장의 영을 따라야 했다. 이를 따르지 않을 때는 여자로서 견디기 힘든 형벌이 기다리고 있었다.

부령도호부 부사 유상량은 무인 가문이지만 부령에서 학정을 일삼았다. 부령으로 유배를 온 18세기 시인 김려는 유상량과 부령 관리들의 학정을 낱낱이 고발하여 그 실체를 알 수 있게 했다.

유상량은 서시랑이 떠난 뒤에 영산옥에게 수청을 들라는 영을 내렸다. 영산옥은 서시랑을 위해 수청을 거절했다.

"네가 감히 관가의 영을 거절하느냐?"

유상량은 영산옥을 형틀에 묶게 하고 곤장을 쳤다. 여자가 곤장을 맞을 때는 한 겹의 얇은 옷을 입게 하고 하루에 20대를 넘지 않았다. 또한 곤장을 때리는 사령들도 수절하겠다는 기생을 모질게 때리지는 않았다. 그러나 부령도호부 사령들은 달랐다. 그들은 자신들을 아랑곳하지 않고 한양 선비에게 정을 주고 수절하겠다는 영산옥이 고까웠다. 곤장을 때리는 품새가 여느 때보다 사나워 몇 대를 때리지 않아 살갗이 찢어지고 피가 낭자하게 흘러내렸다. 영산옥은 이를 악물고 피눈물을 흘리면서 곤장을 맞았다.

"열 도^度요!"

곤장을 때리는 사령이 도호부사 유상량을 쳐다보았다.

"네 이년, 네가 아직도 가당찮게 관가의 영을 거절할 것이냐?"

유상량이 노기를 누그러뜨리지 않고 언성을 높였다. 아직도 서시랑을 위해 수절을 하겠느냐는 뜻이다.

"한낱 천기의 몸이라고 하나 어찌 번복하오리까?"

영산옥은 자신의 뜻을 굽히지 않았다.

"독한 년이로다. 저년을 매우 쳐라!"

유상량이 다시 영을 내렸다. 영산옥은 곤장 20대를 맞고 혼절했다.

영산옥은 구류간에 하옥되었다가 상처가 아물어가자 다시 끌려 나와 곤장을 맞았다. 그렇게 여러 차례 곤장을 맞고 거의 죽게 되어서야 풀려났다.

"하늘은 어찌하여 이 몸을 남자로 태어나게 하지 않고 여자로 태어나게 했습니까?"

영산옥은 들것에 실려 집으로 돌아오자 통곡을 하고 울었다.

"씀바귀가 쓰다고 하지만 내 신세에 비하면 아무것도 아닙니다. 저 유가柳家네 자식은 삼생三生의 원수일 것입니다."

영산옥은 ≪방가행≫이라는 시를 짓고 유상량을 비난했다. 방가행은 전해지고 있지 않으나 제목으로 미루어 영산옥이 기생으로서 한스러운 평생을 보냈다는 사실을 알 수가 있다.

꽃으로 피고 눈물로 지다

조선시대를 사는 여성들의 삶은 신분에 상관없이 사실상 남자의 부속물이나 다를 바 없었다. 조선은 사대부의 나라고 남자들의 나라다. 엄격한 유교 사상을 지배 이데올로기로 내세워 여성들에게 철저하게 순종과 복종을 강요해 왔다. 사대부의 딸이나 부인네들에게까지 덧씌워 있던 이러한 굴레는 팔천(조선 시대에 노비거나 천역에 종사하던 여덟 천민)의 하나인 기생들에게는 더욱 엄격하게 적용되었다.

조선의 신분제도는 세습된다. 사대부의 자식은 사대부가 되고 노비의 자식은 노비가 된다. 기생의 신분은 노비였기 때문에 딸이 태어나면 기생이 된다. 그래서 한 고을의 기생들 중에는 이모, 조카, 사촌이 많았다. 허균이 마음속으로 정을 주고받았던 부안 기생 매창은 정인인 이귀에게 의심을 사지 않기 위해 조카를 허균과 동침하도록 했다. 매창의 조카도 기생이었고, 매창의 언니나 여동생도 기생이었던 것이다.

기생의 신분에서 벗어나려면 어떻게 해야 할까. 기생은 기녀안, 또는 관안(관청의 명부)에 올라 있기 때문에 사대부의 첩이 되어 속전을 내야만 빠져 나올 수 있다. 기생들은 기적에서 빠져나오기 위해 사대부의 첩이 되려고 사랑을 바치지만 대부분 배신을 당했다.

군산월은 함경도 명천의 기생이다. 유배를 온 홍문관 교리 김진형을 사랑하여 마천령까지 따라오지만 '돌아가라'는 한 마디에 피눈물을 흘리며 걸음을 돌려야 했다. 비통하여 가슴이 찢어지는 것 같은 군산월의 모습에서 사대부와 기생의 사랑이 얼마나 허망한 것인지 엿볼 수 있다.

김진형은 꽃다운 군산월과 사랑을 나눈 것이 여간 흡족한 것이 아닌 모양이다. 스스로 도취하여 군산월이 앞에 있으면 눈앞에 꽃이 핀 듯 하고 뒤에 있으면 선동이라고 표현하면서 '기락妓樂이 끔직하다'라고 말한다. 얼마나 좋았으면 기락이 끔찍하다고까지 표현했을까. 그러나 결국 그 사랑을 헌신짝처럼 버리고 만다.

서명빈을 사랑했던 함흥 기생 취련은 한양까지 달려와 사랑을 호소하지만 다시 그 길을 돌아와야 했다. 그래도 관기에 비해 사기는 자유로운 편이었다. 황진이, 성산월, 매창, 운심 같은 기생들은 사기로 추정된다. 그들이 어떤 연유로 사기가 되었는지 알 수 없으나 당당하게 한 세상을 살았다.

기생은 어릴 때부터 교방에서 기예를 배운다. 사마천이 기생 노릇을 하는 것도 부를 위해서라고 갈파했듯이 기생들은 사대부의 사랑을 얻기 위해 학문을 배우고 춤과 노래를 익혔다.

기생들은 어린 동기 시절을 지나 15세가 되면 머리를 올렸다. 어린 나이에 술을 마시고 남자를 받아들이게 되면 진정한 사랑을 만날 시간도 없이 정신이 황폐해진다. 낮에는 선비들의 시회나 잔치에 불려가고 밤에는 사내들의 품을 전전한다. 20세가 되면 노기, 또는 퇴기 취급을 받게 된다. 다만 춤과 노래가 경지에 이르면 예기로서 대우를 받았다.

관기들은 매일 같이 수청을 들어야 했다. 상방기생은 고을 수령의 차지가 되고 보통 기생은 고을을 찾아오는 손님, 지나가는 일반 선비의 수청을 들었다. 하루도 거르지 않고 매일 같이 수청을 들다가 견디지 못해 달아나

기까지 했던 공주 기생의 고백은 눈물겹기까지 하다.

기생은 죄인만도 못한 신분이다. 변경에 있는 관기들은 나라에 죄를 짓고 유배를 온 죄인들의 시중까지 들어야 했다. 유배객의 시중을 드는 기생을 '배수첩'이라고 부른다. 이들을 기^妓라고 부르지 않고 첩^妾이라고 부르는 것은 일선에서 물러난 노기들이기 때문이다.

기생들도 사랑을 한다. 한 사내의 지극한 사랑을 받고 싶어 한다. 그러나 거리의 여자, 청루의 여자인 기생을 첩으로까지 들여서 일생을 돌봐주려는 사대부는 흔치 않다.

기생은 거름더미 속의 꽃이다. 밤에는 기루의 향연에서 화려하게 피어나지만 그곳에는 술 냄새와 사대부들의 악취가 풍긴다. 기생들은 술과 사대부들의 악취를 마시고 늙어갔다.

기생의 말년은 쓸쓸하다. 몸이 병들어도 돌보아주는 사람이 없다. 화려했던 전성기를 돌아보면서 인생을 무상하다고 탓할 뿐이다. 유배객 김려가 사랑했던 부령 기생 연희의 말처럼 연약한 풀이 바람에 휩쓸리고 가냘픈 꽃은 진흙이 된다. 사람은 한 시대를 살고 풀은 한 철을 살건만 기생들의 삶은 덧없기만 하다.

황진이와 성산월 같은 기생은 조선을 뒤흔들었다. 학문과 기예가 뛰어난 탓도 있었으나 자신의 정체성을 찾아 사대부들 앞에서 당당하려고 했다. 황진이는 허위와 위선에 가득 찬 남자들을 농락했고, 성산월은 평안한 말년을 보내기 위해 부호의 첩이 되었다. 동정춘은 심수경의 첩이 되는 것이 일생의 소원이었다. 그러나 심수경은 청백리, 죽을 때 함께 묻히겠다고 굳게 약속을 했지만 지키지 못한다. 동정춘은 죽을 때 자신의 비석에 심수

경의 첩이라고 써달라고 간절한 유언을 남긴다. 평양의 칠성문 밖 선연동
에는 평양의 기생들이 죽으면 묻히는 공동묘지가 있다. 그곳에 묻힌 기생
들은 얼마나 많은 한과 설움을 가지고 눈을 감았을 것인가. 화려한 전성기
는 봄날과 같이 사라지고 기생들의 무덤에는 오늘도 쓸쓸한 바람이 불고
있다.

기생, 길가에 피는 꽃을 찾아서

옛사람들은 기생을 왜 하필이면 길가에 핀 꽃이라고 했을까. 노류장화라는 그 말에는 기생을 하찮게 생각하던 조선시대 사대부들의 멸시와 밤마다 술과 웃음을 팔던 여인들의 가슴 저린 애환이 함축되어 있다. 기생들은 유일한 예인이었으나 인간적인 대우를 받지 못한 채 평생을 살았다. 어머니가 기생이었기 때문에 딸도 기생이 되어야 했던 숙명에서, 기생의 굴레를 벗어던지기 위해 몸부림을 쳤어도 남자들이 만든 신분의 족쇄는 풀 수 없었다.

기생들은 자신들의 비참한 처지에서 벗어나기 위해 혼이 실린 노래를 부르고 춤을 추었던 것이 아닐까. 예술의 경지에 이르려면 가슴속에 켜켜이 쌓인 한까지 승화시켜야 한다. 황진이나 매창처럼 당당한 기생은 손가락에 꼽을 정도고, 대부분의 기생들은 이름도 없이 피었다가 스러졌다. 이 책을 쓰면서 귓전을 암암하게 울리는 그녀들의 웃음소리와 탄식, 슬픈 노랫가락과 혼을 실은 춤사위가 떠올라 내내 가슴이 아팠다.

조선을 뒤흔든 기생들 이야기를 쓰면서 그들의 발자취를 찾아 전국을 돌아다녔다. 퇴계 이황과 단양 기생 두향의 아름다운 사랑을 찾아

안동 도산서원을 찾았을 때는 때마침 두향의 맑은 영혼과 같은 매화가 활짝 피어 있었다. 백매는 도산서원의 너른 바깥마당에 피어 있었고, 홍매는 서원 안쪽에 피어 있었다. 퇴계 이황이 살던 생가에도 매화가 잔뜩 피어 매화를 매형이라고 부르던 퇴계 이황의 군자다운 고결한 성품을 엿볼 수 있었다. 퇴계 이황과 두향이 처음 만난 사인암은 천년 세월 속에서도 의연했고 두향이 꽃 한 가지 꺾어들고 부르는 노랫소리가 금방이라도 들려올 것 같아 나그네의 가슴을 설레게 했다. 사인암을 찾아갔을 때 기암절벽 위와 좌우에는 짙푸른 녹음이 우거져 있고 아래로는 내린천이 옥류처럼 흐르고 있었다.

냇가에 앉아 사인암을 바라보다가 문득 고개를 숙여 냇물을 들여다보자 물고기들이 유유자적하여 인걸은 가도 산천은 의구하다는 옛말이 새삼스럽게 가슴을 적셔 왔다.

안동서원은 두 번, 퇴계 이황을 사랑하여 두향이 뛰어내린 강선대는 세 번을 찾아갔다. 강선대와 두향의 무덤은 단양 장회나루에서 유람선을 타야 바라볼 수 있었다. 4백 년 전 유림의 종사인 퇴계 이황에게 애틋한 사랑을 바쳤던 두향의 무덤을 유람선에서 바라보자 그녀의 얼굴이 가뭇하게 떠오르는 것 같았다.

두향은 얼마나 절절하게 이황을 사랑했던 것일까.

사랑이 가슴에 사무치면 강선대 높은 바위 위에서 꽃처럼 몸을 던질 수 있는 것일까. 두향을 삼켰던 강물은 오늘도 유장하게 흐르고 단양 팔경을 오가는 유람선은 그대로 한 폭의 그림이 된다.

두향이 몸을 던졌기 때문에 신선이 내려와 놀았다는 강선대가 유명해진 것인가. 강선대가 유명하여 두향이 그곳에서 뛰어내린 것인가. 선인들의 아름답고 슬픈 전설이 깃든 강선대 밑에는 오늘도 강물이 푸르게 흐르고 있다.

율곡 이이와 유지의 사랑은 안타깝다. 어린 동기였던 유지를 만나 평생을 그리워하면서도 손 한 번 잡지 않았던 율곡 이이, 죽음을 앞둔 말년에 이르러서야 남긴 유지사에는 순애보이자 그의 가슴 저린 회한이 절절하게 드러나 있다. 어떻게 수십 년 동안 인연을 맺었으면서도 육체적인 사랑을 나누지 않았을까. 현대를 사는 나의 생각으로는 도무지 꿈도 꿀 수 없는 일이다.

경기도 파주에 있는 화석정은 율곡 이이가 벼슬에서 물러나 여생을 보내면서 학문을 논하고 이(理)를 구(究)하던 곳이다. 그의 증조부 이명신이 건축했는데 율곡 이이가 증수했다. 정자는 장단 쪽을 향하고 있는데, 마치 율곡 이이가 황주 기생 유지를 그리워하면서 보낸 장소처럼 느껴졌다. 내가 화석정을 찾은 것은 4월의 어느 날, 석양이 붉게 내려앉던 저녁 무렵이었다.

율곡 이이와 기생 유지는 임진강 건너 강촌 어느 절에서 밤을 새웠다. 유지사에 의하면 병풍도 치지 않고 나란히 누워서 이야기를 나누었다. 조선시대 남녀가 방 안에 나란히 누워 있을 수 있는 것일까. 그러나 유지가 기생이었기 때문에 가능한 일이었다. 율곡 이이는 무르익어 농염하게 아름다운 여인을 옆에 두고 늙고 병들어 동침을 하지 않았노라고 했다. 그날의 정경은 어렵지 않게 상상할 수 있다.

율곡의 나이는 49세, 스스로 늙고 쇠잔했다고 탄식을 했으니 지나친 학문 연마로 병마에 시달리고 있었을 것이다. 그에 비하면 유지는 30대의 농염한 여인, 지독한 염기를 뿜었을 것이다. 율곡 이이에게 그 밤은 고통이었을 수도 있다. 그러나 사랑의 고통은 달콤한 것이다. 평생을 살면서 진정한 사랑 한 번 못했다면 얼마나 삶이 공허했겠는가.

율곡 이이와 유지는 밤새 무슨 이야기를 나눈 것일까. 율곡 이이가 임진강 강언덕에 화석정을 증수한 것은 선녀처럼 아름다운 여인이라고 술회한 유지를 그리워했기 때문인가. 4백여 년 전에 살았던 선인들의 마음속을 누가 헤아릴 수 있겠는가. 강변을 서성이면서 그들의 사랑을 되살려보는 나그네의 가슴속에는 어느 사이에 비가 내리고 있었다.

동래부사 송상현의 기첩 김섬은 대중들에게 그다지 알려져 있지 않다. 그러나 임진왜란 때 포로로 끌려가 토요토미 히데요시에 의해 일본 고위관리의 부인들에게 학문과 예의를 가르치고 돌아온 그녀의 절개는 대나무처럼 곧기만 하다. 김섬은 청주 충렬사 뒷산에 남편 송상현의 무덤 앞에 순절한 또 다른 첩 이양녀와 함께 나란히 묻혀 있다.

김섬의 무덤을 찾아갔던 날은 날씨가 후덥지근하던 초여름이었다. 우리나라에서 가장 아름다운 가로수 길이라는 국도를 청주에서 조치원 방향으로 달리다가 송상현의 충렬사를 찾아가 참배를 하고 뒷산에 있는 김섬의 무덤을 찾아갔다.

신도비 옆에 가파른 계단이 193개나 있어서 땀을 흘리며 올라가자 너른 공터의 왼쪽에 이양녀, 오른쪽에는 김섬, 뒤에는 송상현의 묘소가 보였다. 참배를 하고 나자 만감이 교차했다.

4백 년 전 이들이 나눈 사랑은 어떤 색감을 가지고 있었을까. 김섬은 사랑하는 남자 앞에서 어떤 웃음을 지었을까.

녹의홍상에 눈웃음치는 여인의 가련한 모습이 떠오른다. 사랑을 얻기 위해 고운 목청을 뽑아 노래 한가락을 부르고 바람에 날리는 꽃잎인 양 너울너울 춤을 추는 그녀의 아리따운 춤사위가 아련하게 떠오른다.

김섬은 함흥 출신의 기생이다. 지금은 역사의 주인공이 되어 지아비의 무덤 앞에 누워 사랑을 속삭이고 있지만 그녀의 고단한 인생 역정이 눈에 보일 듯이 선하게 떠올랐다.

민제인과 성주 기생 성산월이 처음 만난 곳은 남대문 밖의 한 언덕, 후암동쯤 될 것으로 추정되지만 옛날의 모습은 전혀 찾아볼 수 없다. 후암동을 몇 바퀴 돌다가 선술집에 들어가 소주를 마시면서 성산월이 운명처럼 민제인을 만나던 모습을 상상해 보았다.

술집에서 나올 때는 초여름비가 내리고 있었다.

민제인과 성산월을 연결시켜 준 것은 백마강부, 민제인이 백마강부를 지은 낙화암과 백마강을 돌아보면서 왕조의 흥망성쇠와 인생의 무상함을 함께 느낄 수 있었다.

북쪽에 황진이가 있다면 남쪽에는 매창이 있다. 부안 명기 매창은 시기로 유명하여 지금도 수십 편의 시가 남아 있다. 전라도 부안에 이르자 그녀를 기리기 위해 매창공원이 만들어져 있고 무덤은 공원 안에 잘 가꾸어져 있었다. 당대의 최고 시인인 유희경, 혁명적 사상을 가졌던 허균, 인조반정의 1등공신인 이귀와 불꽃같은 사랑을 나누었던 매창의 흔적을 찾는 발걸음은 무겁기만 했다.

부안을 찾아갔던 날은 매창의 눈물 같은 비가 내리고 있었고 '이화우 흩날릴 제……' 운운하는 시비 앞에 이르자 금방이라도 하얀 배꽃이 자욱하게 흩날릴 것 같고, 사랑하는 사람을 그리워하는 매창의 여심이 가슴을 촉촉하게 적시는 것 같았다.

세월은 가도 사랑은 남는 것.

37세의 생애는 오래 전에 끝났으나 그녀가 지은 아름다운 싯귀는 후인의 가슴속에 영원히 지워지지 않고 살아 있을 것이다. 매창공원에 가득한 시비와 묘소를 돌아보고 발길을 돌렸으나 차마 걸음이 떨어지지 않았다.

진주에는 의기 논개가 있다. 영남제일루라고 불러도 손색이 없는 촉석루는 유유히 흐르는 남강을 내려다보고 있었다. 촉석루 바로 아래 왜장을 끌어안고 뛰어내린 의암이 있다. 촉석루에 이르렀을 때 남강에는 배 한 척이 떠 있었다. 마치 그 옛날 논개가 사랑하는 남자 최경회와 배를 타고 밀어를 나누었을 것 같은 풍경이 펼쳐져 있어서 나그네의 눈을 황홀하게 했다.

논개의 영정이 봉안되어 있는 의기사를 참배하고 의암으로 내려가 본다.

논개가 왜장을 끌어안고 몸을 던진 곳이 여기였구나.

푸른 물이 유장하게 흐르는 남강을 내려다보자 가슴이 저렸다.

초요갱은 박연이 만든 궁중악의 유일한 전승자다. 나라에서 제일로 꼽는 예기였기 때문에 과거에 장원급제한 선비조차 눈 아래로 보았다. 그녀의 이름은 실록에까지 올라 있지만 어디 출신인지 생몰년이 언제인지는 기록에 남아 있지 않다. 다만 정재를 바치는 궁중악의 대가였기 때문에 경복궁에서 자주 공연을 했을 것이라고 생각하여 경회루를 찾아갔다.

경회루는 언제 보아도 아름답다.

연못에 휘휘 늘어진 수양버들이며 물속에 잠긴 누각의 모습은 마치

하늘에 떠 있는 누각 같았다.

저 누각 어디쯤에서 초요갱은 세조에게 정재를 바쳤으리라.

경회루 2층 누각은 텅 비어 있었으나 포구락을 추는 그녀의 춤사위가 눈에 어리는 것 같았다. 가만히 귀를 기울이자 초요갱을 비롯하여 정재를 바치는 기녀들의 화사한 웃음소리가 환청처럼 들린다.

공주에는 이름 없는 기생의 눈물이 남아 있다. 그녀는 미모가 뛰어나지도 않고 출중한 기예를 갖지도 않았던 듯하다. 그녀의 고단한 업무는 오로지 공주를 오가는 사대부들에게 하루도 거르지 않고 수청을 바치는 것뿐이었다. 공주 동헌 앞에 이르자 사대부들의 악취가 풍기는 것 같고 기생의 또 다른 측면을 보는 것 같았다.

≪조선을 뒤흔든 16인의 기생들≫을 쓰기 위해 많은 자료를 살폈다. 소수록을 보았을 때 기생들의 눈물과 한숨을 보았고 이능화가 펴낸 조선해어화사 '갈보종류총괄'의 사진을 보았을 때 기생의 요염을 보았다.

아름답구나.

낡은 사진첩의 기생들은 고혼이 되었으나 빼어난 자태는 나를 설레게 했다.

이제는 가고 없는 사람들, 한 줌의 흙이 되어 땅 속에 묻히고 바람처럼 떠돌고 있을 그녀들의 영혼에 이 책을 바친다.

조선사 가장 매혹적인 그녀들이 온다!

조선을 뒤흔든 16인의 기생들

초판 1쇄 발행 2009년 7월 30일
초판 4쇄 발행 2014년 5월 20일

지은이 이수광
펴낸이 김선식

경영총괄 김은영
마케팅총괄 최창규
콘텐츠개발4팀장 장재용 **콘텐츠개발4팀** 황정민, 노준승, 변민아
마케팅본부 이주화, 이상혁, 도건홍, 박현미, 백미숙, 반여진
경영관리팀 송현주, 권송이, 윤이경, 김민아, 한선미

펴낸곳 다산북스 **출판등록** 2005년 12월 23일 제313-2005-00277호
주소 경기도 파주시 회동길 37-14 3, 4층
전화 02-702-1724(기획편집) 02-6217-1726(마케팅) 02-704-1724(경영지원)
팩스 02-703-2219 **이메일** dasanbooks@dasanbooks.com
홈페이지 www.dasanbooks.com **블로그** blog.naver.com/dasan_books
종이 월드페이퍼(주) **출력·제본** 현문 **후가공** 이지앤비 특허 제10-1081185호

ISBN 978-89-6370-053-3 (03900)

다산북스(DASANBOOKS)는 독자 여러분의 책에 관한 아이디어와 원고 투고를 기쁜 마음으로 기다리고 있습니다.
책 출간을 원하는 아이디어가 있으신 분은 이메일 dasanbooks@dasanbooks.com 또는 다산북스 홈페이지 '투고원고'란으로
간단한 개요와 취지, 연락처 등을 보내주세요. 머뭇거리지 말고 문을 두드리세요.